政协恩施州委员会 | 丛书编著

恩施州传统村落
历史文化丛书

恩施市传统村落

政协恩施州委员会
政协恩施市委员会 　编著

华中科技大学出版社
http://www.hustp.com
中国·武汉

内容简介

为促进恩施州传统村落保护，弘扬民族优秀传统文化，助推乡村振兴，政协恩施州委员会组织编纂了"恩施州传统村落历史文化丛书"。《恩施市传统村落》作为丛书中的一本，详细记述了恩施市传统村落基本情况以及村落文化遗产、自然遗产、历史事件、家族人物和传统产业。本书语言通俗易懂、简洁优美，并配以丰富的图片，兼具史料性和可读性，是研究恩施市乃至恩施州民族历史文化的宝贵资料和宣传展示民族优秀传统文化的重要窗口。

图书在版编目（CIP）数据

恩施市传统村落/政协恩施州委员会,政协恩施市委员会编著.—武汉:华中科技大学出版社,2021.11

（恩施州传统村落历史文化丛书）

ISBN 978-7-5680-7668-5

Ⅰ.①恩… Ⅱ.①政… ②政… Ⅲ.①村落文化—介绍—恩施市 Ⅳ.① K926.33

中国版本图书馆 CIP 数据核字（2021）第 224082 号

恩施州传统村落历史文化丛书·恩施市传统村落 政协恩施州委员会 编著
Enshi Zhou Chuantong Cunluo Lishi Wenhua Congshu · Enshi Shi Chuantong Cunluo 政协恩施市委员会

策划编辑：	汪 杭 陈 剑
责任编辑：	汪 杭 陈 剑
封面设计：	刘 卉
责任校对：	张会军
责任监印：	周治超
出版发行：	华中科技大学出版社（中国·武汉） 电话：(027)81321913
	武汉市东湖新技术开发区华工科技园 邮编：430223
录　排：	华中科技大学惠友文印中心
印　刷：	湖北新华印务有限公司
开　本：	710 mm×1000 mm　1/16
印　张：	14.5
字　数：	226 千字
版　次：	2021 年 11 月第 1 版第 1 次印刷
定　价：	998.00 元（共 8 册）

本书若有印装质量问题，请向出版社营销中心调换
全国免费服务热线：400-6679-118　竭诚为您服务
版权所有　侵权必究

丛书编委会

主　　　任：吴建清　刘建平
常务副主任：张全榜
副　主　任：曾凡培　刘小虎　谭志满
成　　　员：郑晓斌　卢智绘　曾凡忠　刘太可　黄同元
　　　　　　邹玉萍　田延初　张真炎　冯晓骏　郑开显
　　　　　　文　林
主　　　编：张全榜
副　主　编：曾凡培　冯晓骏
特邀编审：雷　翔　贺孝贵　刘　刈　董祖斌　刘　权

《恩施市传统村落》
编委会

主　任: 郑晓斌

副主任: 蔡万高　崔宇辉　李家忠　刘庆华　吴秀忠

委　员: 冉景钊　蒲　武　蒋世文　牟劲松

编　委: 颜　英　刘伯韬　徐　超　万　杰

主　审: 李家忠

主　编: 颜　英　李　晓

顾　问: 贺孝贵

总序
General Prologue

恩施州传统村落的历史与文化

一

恩施有悠久的历史，早在石器时代就有了原始人的居住聚落。秦汉以后进入溪峒时期，溪峒既是地域特征描述，也是当地的社会组织称谓，相当于当时中原的郡县。但是，溪峒时期及其以前的人群聚落，生产生活方式以"游耕"为主，渔猎采集占较大比重，没有真正形成村落。

关于恩施农耕定居模式的明确记载始于唐代，《元和郡县志》记载，施州领县二（清江、建始）"开元户三千四百七十六，乡里一十六"。这些"乡"是定居农耕人群的管理组织，这种组织机构的建立是朝廷的社区管理进入长江沿岸、清江河谷地区，以及农耕编户聚落即村落形成的间接标志。宋代《元和九域志》记载，施州编户增至"主九千三百二十三，客九千七百八十一"，共 19104 户。

清江县十乡，建始县五乡，还有当时属归州的巴东县有九乡。两宋时期，巴东、建始、清江三县各乡里的农耕村落，与西南"寄治山野"的羁縻州有明显的体制差异，社会组织形态也有明显差异。经制州与羁縻州之间，还设有一批军事围困防守性质的寨堡，寨丁们亦农亦军。羁縻州的下属溪峒与寨堡只是村落的前身，都不是严格意义上的农耕村落。

元、明及清初，恩施进入土司、卫所时代，只有巴东、建始二县的"乡里"仍然延续农耕村落的发展方式。原先的羁縻州与原属州县的寨堡，陆续分合形成朝廷认可的大小30多个土司。土司下设峒寨之外，也有部分设有"里"（农耕村落组织）。施州军民卫是明洪武后期合并施州的政权形式，保留了原有的市郭、崇宁、都亭三里，原有的农耕村落应该也有部分保留。施州卫、大田所广泛设置于今天恩施、利川、咸丰三市县的屯、堡组织，则是军垦性质的农耕聚落，明末清初逐渐转化为村落。

清朝改土归流，流官政府建立，废除了土司政权及其基层社会组织，也废除了土司所有制，包括对当地百姓的人身自由的控制和对山林土地的占有。普遍设置适合农耕定居生产生活方式的"里甲"组织，革除土司"恶俗"，推行符合"礼仪"的民间制度。改土归流的政治、经济和文化改革，给恩施州农村社会带来空前的巨变，其显著特征是：原本存在于府县地区的乡里村落形式，在原本有很大差异的土司地区和卫所地区进行推广，各地村落的组织结构形态逐步趋同。这次社会变革的重要抓手是土地山林的私有化"确权"、无主荒地招垦移民和家族化浪潮。今天村落的形成大多源自这次社会变革，这也是恩施大多数现存传统村落的起点。

恩施农耕社会传统村落的繁荣始于清朝道光、同治年间。据统计测算，当时恩施州内已有二十多万户一百三十余万人[①]，基本都是农业人口。传统村落数量没有进行统计，估算应该不少于一万个。譬如当时的恩施县，《恩施县志》（清同治版）记载，已有编户五万余户三十三万七千余人，分为三里二十五甲，下

---

① 恩施州志编纂委员会. 恩施州志[M]. 武汉：湖北人民出版社，1998.

设甲长一千六百五十七名、牌头四千七百五十九名。传统村落的繁荣延续超过百年，一直到1949年中华人民共和国成立。

二

中华人民共和国成立后的土地改革以及随之而来的农业合作化、人民公社运动，颠覆性地改变了传统村落的家族性社区结构，而依附于自然环境的农耕生活模式基本没变，传统村落的外部形态基本延续。

改革开放以来，我们在主动迎接全球化浪潮以求富足强盛的同时，也丢失了许多弥足珍贵的文化遗产。社会文化转型，尤其是在改革开放以来的工业化、城市化发展浪潮中，传统村落建筑及其自然生态、传统乡村生活方式及其文化生态受到极大冲击。我们在享受工业化、现代化成果的同时，却也对蓝天白云、青山绿水和传统文化造成了损害。在反思中寻找和复兴民族优秀传统文化成为全社会的共同追求。

恩施土家族苗族自治州交通相对闭塞，其自然环境和少数民族聚居的社会文化环境，使之产生具有独特生产生活方式和历史文化特色的传统村落。加之几乎与改革开放同步的少数民族自治地方建设及其民族文化抢救保护政策，恩施遭受社会变迁的冲击较缓、较晚，部分传统村落得以保存。尤其难得的是，在部分传统村落中，仍然保存着传统的农耕生产方式和生活方式。传统的人生礼仪、时令节庆仪式，少数民族历史、村落历史和家族历史及其人物故事仍然在传诵。

恩施州传统村落及其文化，曾经得到国内外民族学、文化学学者们的高度关注和赞誉，产生了许多学术研究成果；恩施州传统村落也曾引起文化艺术工作者们的浓厚兴趣，许多优秀作品被创作出来。恩施州传统村落还得到各地"驴友"的追捧；他们远离城市的喧嚣来享受山林乡村的寂静，体验别样的少数民族文化，追寻原始文化遗迹。可见，传统村落是我们的珍贵遗产，是复兴民族优秀传统文化和乡村振兴的重要资源。

三

国家主席习近平强调,"文化自信,是更基础、更广泛、更深厚的自信"。政协恩施州委员会把民族优秀传统文化复兴当作建立文化自信的重要表现,当作恩施州社会建设的重要内容。政协恩施州委员会长期注重本地各民族历史文化资料的收集保存和整理,在完成《恩施文化简史》等历史文化研究著作的撰写、出版之后,又组织各县市政协调查、研究全州尚存的古村落,撰写"恩施州传统村落历史文化丛书"。政协恩施州委员会认为,传统村落是在农耕文化发展过程中逐步形成的,体现了一个地方的传统文化、建筑艺术以及民风民俗,凝结着历史的记忆。对传统村落历史文化的深入调查研究和整理,有着十分重要的现实意义。传统村落是宝贵的文化资源,发掘利用传统村落能为恩施州的社会发展提供坚实的文化支撑;传统村落是地方的历史记忆和社会认知,保存和整理传统村落文化能够更好地满足全州各族人民的文化需求;传统村落还是恩施各族人民适应当地环境、利用地方资源的文化成果,深入挖掘、提炼和传承传统村落文化有利于树立文化自信,更好地建设具有自身鲜明特色的繁荣自治州。

恩施州传统村落的保护工作,开始于21世纪初。2009年,国家民族事务委员会与财政部开始实施少数民族特色村寨保护与发展项目,至2019年公示第三批中国少数民族特色村寨拟命名名单,恩施州辖内被选为"中国少数民族特色村寨"的有49个。2014年,国家组织制定传统村落保护规划,在先后公布的五批中国传统村落名单中,恩施州共有81个村落被列入中国传统村落保护名单。恩施州曾经拥有数以万计的传统村落,其中基本保持原貌和内部结构的村落仍有上千。从2018年开始,政协恩施州委员会会同八县市政协一起策划、编写"恩施州传统村落历史文化丛书",上述"中国少数民族特色村寨"和"中国传统村落"是本丛书主要选录的对象(两者之间有部分重合)。丛书选录并单独编写的代表性传统村落有98个,非单独编写的特色村落有83个。其中"中国传统村落"68个,约占据恩施州全部名录的84%;"中国少数民族特色村寨"30个,约占恩施州全部名录的61%。这说明有代表性和典型性是本丛书编写的一个重要特征。

这些传统村落大多远离城市，广布于恩施州八县市的山川密林之中。本丛书编写者一一调查寻访，对村落历史渊源与文化特征的描述不仅来自地方文献记录，更多来自编写者的实地观察探访和居民们记忆口述。这也是这套丛书编写的特征之一。

按照政协恩施州委员会的部署，各县市分卷都采用招标方式确定具体编写队伍，编写队伍大都由长期从事乡村研究的高校专业人员担任，由各市、县、乡文化专家共同组成编写班子。内容的专业性、作者宽广的视野，是这套丛书编写的又一特征。

四

恩施州的传统村落有多种类型，相互之间差异显著。差异产生的原因至少有以下几个：一是经历过不同的发展路径，其文化内涵的民族性、区域性有较大差异。二是处于不同的生态环境。恩施在崇山峻岭之中，河谷坪坝、高山草甸交错，气候物产各不相同，形成差异极大的生产生活方式及相应的居所结构和聚落形态。三是不同的民族文化传统。恩施州是多民族世代共居的共同家园，有世居于此的土家族，也有明末清初陆续迁入的苗族、侗族，还有明初迁入的卫所军户。不同的文化传统产生不同的生活方式，形成不同的民居建筑形式和特色聚落。四是不同的商贸和文化联系。恩施古代社会与外界联系主要依靠通航的河流和盐道，长江、清江、酉水、乌江，加上通向川东的盐道，与湖湘、川东以及贵州有较多的经济、文化联系。外界交往联系附带着人群的移动迁徙，也使相关区域的村落带有浓浓的域外文化特色。

这些多样性特征体现在传统村落的文化内涵之中。传统村落文化可以分为**物质文化、制度文化和精神文化**三类，具体表现为六种：

一是村落选址及其周边环境。不同民族对于环境与土地资源有着不同的认知。譬如土家族有着狩猎采集和游耕的传统，他们偏爱林间坡地。卫所军户大多来自长江中下游，又有武力支持，占据河谷坝子，建立屯堡。而侗族移民喜欢开发弯曲平缓的小河、小溪等小流域。自然环境不仅是村落文化得以发展的空间，也是村落文化的重要组成部分。

二是生产生活方式。传统村落社会的重要特点之一是自给自足，是在特定的环境空间中建立一个完整的生产生活系统。不同的民族文化传统与不同的地理环境相结合，形成村落各自不同的生产生活方式，这是村落文化生成的基础。传统村落不仅是人们的生活居住空间，还是他们的生产空间。

三是社区结构。传统村落的主体是人，村落成员扮演着不同角色。不同时代、不同民族文化传统、不同生产生活方式的村落，村落共同体的构成有差异。这种差异体现在村落成员的相互关系上，也体现在村落建筑的结构和分布上。

四是习俗体系。传统习俗是乡村社会的文化制度，起到传承历史记忆、规范言行举止和提供善恶准则的作用。主要体现在时令节庆和人生礼仪上，几乎无时无处不在的礼仪和禁忌，很能体现民族的历史文化传统。

五是宗教信仰。村落内部有自然神灵崇拜和祖先崇拜性质的民间信仰。具体表现为除思想观念的信仰外，还有仪式活动和举办仪式活动的场所。

六是文学艺术。主要表现为民间故事和歌谣，还有原本流行于市井的说唱曲艺等类型的民族民间文艺。由于当下社会对非物质文化遗产的重视，原本依附于各种仪式的民族、民间艺术成为传统村落的文化内容。

上述历史渊源和文化内涵，理论上普遍存在于各个传统村落之中。不过，社会发展与转型及其相应的城市化浪潮，已经不可逆转地发生在每个地区，包括文化遗存相对较多的传统村落。今天的传统村落更多只是历史的遗存。因此，我们能够挖掘和保护的历史文化传统，可能只是残缺的碎片，甚至只有历史记忆中非常短暂的片断。

五

如何再现传统村落的历史场景，讲好逐渐远去的传统村落历史与文化故事，是丛书编委会追求的目标。

对于已经选定的某个传统村落而言,首先是梳理村落形成、变迁、繁荣以及衰落的历史过程。不同的历史时期,不同的自然环境,不同的文化生态,会形成不同的村落形态,包括各种物质设施和文化制度。

其次是挖掘保护尚存的历史文化遗迹,包括物质和非物质文化遗产。对文化遗产,特别是民居建筑这类物质文化遗产,当地已经进行了比较全面的调查和保护。对于其他类型的物质文化遗产和非物质文化遗产,还有大量的工作要做。

再次是分析评估传统村落的文化意义价值,特别是时代类型和民族文化类型的代表性意义。评估其价值需要更加广阔的视野,需要站在整个区域甚至整个民族的高度进行评估。

最后是为珍贵的历史遗迹建立系统性的档案,并在村民中形成共识。这是对民族复兴和乡村振兴的文化支持,是保证宝贵文化资源得以开发利用必须要做的,也是进一步挖掘和更好地保护村落文化遗产必须要做的。

政协恩施州委员会长期关注民族历史文化的保护抢救,并充分利用人才优势,不断组织推动各种文化史料的编写出版,"恩施州传统村落历史文化丛书"就是众多成果的其中一项。希望借此为推动民族文化复兴尽一份绵薄之力,为推动乡村振兴贡献一份力量。

"恩施州传统村落历史文化丛书"编委会

2021 年 10 月

目录 Contents

概述 1

  恩施的格局 2

走近 21

  聚落之经典　古韵二官寨——盛家坝镇二官寨村 22

  一地连四县　南乡大集场——盛家坝镇大集场村 36

  星斗山东南　高山有古村——盛家坝镇麻茶沟村 49

  天上高坪　云雾深处——盛家坝镇车蓼坝村 61

  芭蕉乡福地　山高处览胜——芭蕉侗族乡南河村楸木园 72

  恩施西大门　古镇见天坝——白果乡见天坝村 85

  三县精粹处　古寨金龙坝——白果乡金龙坝村 96

高山有名镇　诗画红土溪——高山集镇的经典作品红土老街 105

名门出望族　荒陬有杰构——崔家坝镇滚龙坝村 119

沙地引六路　六路通四县——沙地乡的旧集场与古村落 135

红土乡门户　马尾沟明珠——红土乡天落水村 151

双龙连三山　小街雾树吼——双龙村雾树吼 166

深山处桃源　幽幽然古寨——板桥镇新田村鹿院坪 174

施北锁钥处　边镇太阳河——施北太阳河乡老集镇 186

"顶子之乡"　杉木坝老街——龙凤镇杉木坝村 200

两岸加溪　戽斗取水——芭蕉侗族乡戽口村 207

参考文献 213

后记 215

概 述

/Gaishu/

恩施的格局

世人言及恩施，一般是指恩施土家族苗族自治州。这是"大恩施"，辖恩施、利川两市和建始、巴东、宣恩、咸丰、来凤、鹤峰六县，州域之北已逾长江北岸，直抵鄂西北神农架，东南临湖南可达澧水。而本地人眼中的"恩施"，多指州府所在地恩施市，本书语境下的"恩施"指的是后者。

恩施市是一个自带神秘感的地方，近几年，越来越便利的交通催动这里成为"中国旅游新发现"，来的人多了，名气自然大了。在大多数远方的游客看来，恩施市旅游的关键词是"美景"与"美食"。虽然这个城市一直突出的特色是"民族"与"民俗"，施州老城也更有"历史文化名城"的称号，但"传统"与"民族"的元素却似乎淡出了人们的生活。大量的历史文化信息，被尘封在这片山原之中，要想解读它，需花大功夫。

历史上的恩施市，因位于荆楚与巴蜀之间的区位而闻名于世，是巴盐古道文化线路的重要节点，更是入川古道要津。以巴盐古道为基础形成的道路体系很大程度构建着巴、蜀交汇地的政治、经济和文化格局，形成今天研究恩施市传统镇、村的基础。以古施州城为核心，千百年来衍生出集场（镇）、村寨（落）等传统聚落，并以巴盐古道这条文化线路为脉络编织而成传统社会生态体系，这些都成为解读恩施市历史的重要因素。

随着现代公路体系逐渐延伸到山区的各个角落，恩施市的交通格局发生变化，成片的传统村落也逐渐落败、消逝。曾经大量出现在史料中的精彩内容，现实中却难觅踪迹；那些曾经遍布山间河谷的传统集场、古镇、村落，在古老农耕文明消退的今天，已然成为不可复制的宝贵文化载体，需要挖掘和保护。

"恩施"地名启用自清代：清雍正年间改土归流，改施州卫为恩施县，将恩施、建始、宣恩、来凤、咸丰和利川六县设为施南府。清乾隆年间，以恩施为附郭首县，延续至今，也就是现在"恩施土家族苗族自治州"的首府——恩施市。

恩施市是一个县级市，位于东经110度，北纬30度线的交叉点附近，长江

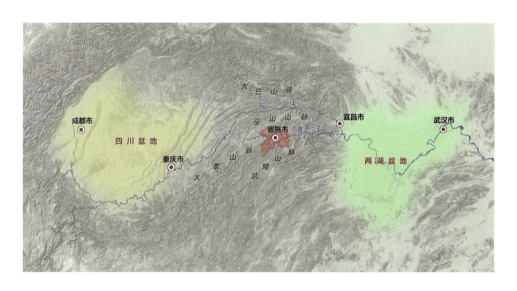

恩施市地处四川盆地与两湖盆地两个汉文化中心区域之间的山原地带，东面是"荆楚"，西面是"巴蜀"

中上游的南岸武陵山脉、巫山山脉交汇处的"山原"之中。恩施市地质构造上居第二阶梯与第三阶梯的过渡地带,地处两湖盆地与四川盆地之间,东瞰"荆楚",西连"巴蜀"。"江清似镜,山累如珠"的山水环境,"自巴蜀而瞰荆楚者,恒以此为出奇之道"的区位优势,使得这座山城不输任何锁钥之地;再加之长江流域汉文化与西南少数民族传统文化在此交汇叠加,历史上各方势力你来我往,在这里演绎了无数精彩的历史传奇,形成独特的历史文化建构。

一、山水勾画出恩施市精彩的地理格局

恩施市是一座山城,成就它的却是清江。

清江是恩施市的母亲河,水系涵盖市域的绝大部分,其干流与支流穿越层层山势,勾画出精彩的格局。

在长江的十四条支流当中,清江是最小的一条,以水清、神秘著名。《水经注》描述其"水色清,照十丈,分沙石。蜀人见其澄清,因名清江也"。

这条江流发源于利川境内的齐岳山,在穿过利川盆地之后进入恩施市沐抚古镇。此时,两岸的景致开始发生变化,也逐渐呈现出更加丰富的地形地貌——熔岩残丘、峰丛、峰林密布,山地和丘陵相间,喀斯特地貌与丹霞地貌并存,万千奇峰巨洞和怪峡飞瀑"点缀"其间。

沐抚大峡谷的大岩龛绝壁,清江从两山之间的狭口中流出,进入朝东岩段

在恩施市沐抚古镇，自西向东流淌的清江与东北—西南走向的巫山山脉相遇，江水切开山势，塑造出一直延伸到屯堡的峡谷群（包括沐抚大峡谷、屯堡朝东岩峡谷及其支流车坝河的中、下游峡谷。）这些深谷是"河流大师"的杰作，平均深度1000米以上，由于与峡江并行，被著名建筑学家张良皋先生称为"清江的瞿塘峡"。

这些峡谷形成的原因，据说也与长江有关。很多学者认为，远古时代长江上游的山崩迫使江水改道，夺路清江，巨大水量的冲击之下，才形成体量如此巨大的高山深谷。

清江的另一个作品是恩施盆地。这处江水侵蚀而成的河谷盆地，是恩施市域海拔较低的区域。江流在盆地北端由西向南，贯穿整个恩施市城区，其间遍布的红色丹霞地貌小山丘，在以青灰色石灰岩与青壤土为主的武陵山区显得十分特别。

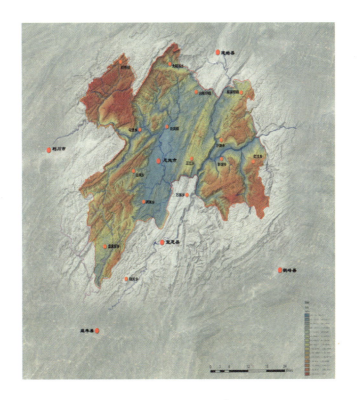

恩施市山形水系图与高程图

恩施盆地四面环山，呈狭长形，是清江上游最平坦的土地之一，从东北方向的白杨坪镇一直延伸到西南方向芭蕉侗族乡，与巫山—武陵一线的山势、河谷走向一致。这一线路划分了恩施市的东部与西部山区，使恩施市域全境基本呈现出东西高、中间低的地势格局。

盆地以西的高山就是前文提及的巫山山脉一支，从市北的板桥镇、太阳河乡入境，一直绵延到西南的白果乡。沐抚大峡谷为代表的峡谷群，就是贯穿这段的山势。

清江恩施市东乡段河流

而东侧群山则以出盆地继续东行的清江为界，分为南北两部分。江北的三岔镇、沙地乡、崔家坝镇位于巫山山系，江南的新塘、红土两乡则是武陵山系北上余脉的椿木营"高原"一部分，这一带的清江沿线被称为恩施市东乡。（附注：椿木营"高原"位于宣恩县的东北角和恩施市东南角一带，平均海拔1000米左右，多为平顶、坡陡、谷深地貌，峰顶保持着一定的平坦面，形如高原。）

清江自恩施市东乡的三岔乡段开始进入中游，一直绵延到宜昌长阳土家族自治县的资丘镇。河段长约160千米，绝大部分区域行经高山峡谷，平均比降1.8‰，重峦叠嶂，两岸坡度可达60～80度，常常峭壁直立，水低岸高。其中恩施市东乡—建始景阳一段，以高耸的双面绝壁著称于世，可以媲美峡江的巫峡。

恩施盆地西南端是芭蕉侗族乡、盛家坝镇与白果乡三乡结合处的富尔山。从这一直到东南方向恩施市、宣恩县交界处的花椒山一线，是清江与乌江水系的分水岭，也是恩施盆地与乌江支流阿蓬江谷地的交点。以一个叫"大树子"的地方为界，东北的天桥河位于恩施市清江水系的最南端，西南的黎家河与铁厂河则是阿蓬江的上游源头之一。狭长的阿蓬江河谷自此一直向西南延伸到重庆的黔江区，直至龚滩古镇汇入乌江。

乌江水系在恩施市的流域面积并不大，仅包括盛家坝镇与白果乡南部一小块区域，但在古代却是朝廷控制的经制州与民族自治政权之间的结合部，是多民族文化发生触碰的前沿，有着厚重的文化积淀。

恩施盆地的东北方向是白杨坪镇，海拔约800米；经此地，下坡便是建始县，一直向东北方向延续的谷地可以直通巫峡。这条天然的走廊，将长江与清江两大水系自然地联系到一起，并与东西走向的清江、恩施盆地南延的阿蓬江谷地，共同组成了峡江南岸天然的人行通道，有机地连通了四方。

二、恩施市是连通四方的十字路口

恩施市的建城史可追溯至商、周时期。相传恩施市是土家族的始祖之一——巴人"廪君部落"沿着清江一路西迁时最早的落脚点和"都城"。巴人以此为根基占据了一大片"鱼、盐所出之地"，建立了盛极一时的"巴子国"。

在古代，长江水道是最重要的入蜀通道，峡江连接着江汉平原与成都平原。然而三峡水急滩险，江运不畅时，需要有陆路交通进行补充。在长江以南，横贯巫山腹地的"江南古道"（也被称为"三峡江南入蜀古道"）是最重要的一条通道。

东西走向的江南古道与清江交错并行，是中国西部山区最早被人类开发、利用的人行孔道之一。有学者根据318国道沿线商、周时代遗迹考古成果提出：巴人西迁的轨迹应该是沿这条道路延伸，活动范围涵盖整个长江与清江之间的大片区域，直到建立巴国、定都江州（今重庆）。（注：《后汉书·南蛮西南夷列传》记载的巴人西迁的最初版本中，巴人廪君部落是乘"土船"，溯清江而上西进的。）此后，这条路径被利用了几千年，一直到现在的318国道、G50沪渝高速与宜万铁路出现。

江南古道是荆楚与巴蜀之间的又一重要通道，和"峡江水道"一起连接着中国最富庶的两片区域。地处恩施盆地的恩施市，除了是清江沿岸要津，也是江南古道的必经之地。

从卫星图上来看，恩施盆地是巫山山系与武陵山系交汇处的一处低海拔河谷丘陵地，顺着这块狭长盆地向东北——西南方向延伸，又分别能够到达峡江与乌江干流。相对缓和的地势形成天然的地理通道，连通起长江三峡到建始县、恩施市直至黔江的一线区域。这条线路与"江南古道"相交汇，交点就是恩施市。

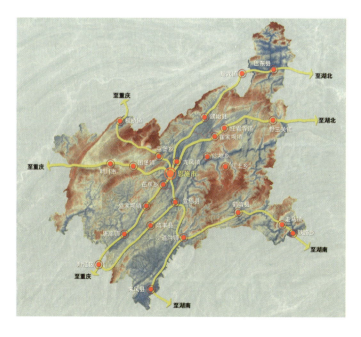

历史上恩施市的主要交通路线图

清同治年间修编《恩施县志·卷一》记载："（恩施）东临荆湖，西抵巴蜀。近瞰巫峡，远控夜郎。楚蜀咽喉之会，荆彝联络之区。"

历史上战乱纷争的年代，来自东部平原地区的势力如果占据恩施市，便可以一路向西，进逼四川盆地；偏安蜀地的割据政权与地方势力如果能在此地站稳脚跟，就能够沿清江走廊东进，前出江汉平原；同时，北上能直接威胁到与江南古道互为唇齿的峡江水道；南下则可深入武陵山区，控制那里的少数民族诸部。

这种形势格局决定了恩施市正好位于汉文化区域与西南山区少数民族文化区域之间的过渡地带。

峡江连接着四川盆地与江汉平原两个汉文化的中心，其自古就是沟通巴蜀与中原之间的政治、经济、文化战略通道，是历代中央政府必须掌控的交通大动脉，沿途自然是汉文化的浸润区域，相当于沿峡江形成的一条汉文化走廊。加上江北发源于秦岭、大巴山麓的汉江，整个长江沿线和峡江以北都算得上是汉文化的传统领地。

而峡江以南的形势则复杂许多。战国时代秦灭巴国，其族人逐步退居祖先发源的鄂西、湘西，分布在武陵山脉腹地以酉水、辰水、武水、澧水、溇水为中心的广大区域，以及周边大娄山、巫山与雪峰山等山脉区域，史称"五溪蛮""武陵蛮"等，发展至今则是被称为"毕兹卡"的"武陵土家"。

武陵山区因为山峦密布，道路难行，外来者很难进入，使众多与汉民族个性不同、文化各异的少数民族保持着特有的民族生活状态和文化类型。费孝通先生根据从峡江到武陵，汉文化区向西南诸民族地区过渡的特点，提出了"武陵民族走廊"的概念。民族学者李星星将其正式命名为"巫山—武陵民族走廊"，又根据从北到南不同民族的分布规律，称其为"土家—苗瑶民族走廊"。土家族居于这个走廊最北端，距离汉文化区域最近。

土家族地区可依水系（清江、酉水），分为南北两部分。南部位于武陵山脉腹地的湘西，以酉水中部流域为中心，由于多河谷盆地，地势相对平缓，自然环境相对优越，唐宋以来便一直是土家族地方势力统治的中心，更是土家文化圈的核心。而地处鄂西南的部分则是北部，所处位置已经是武陵山脉的北部边缘与巫山山脉的结合部，山高谷深，环境相对恶劣，属于土家文化圈的外围，也更加靠近汉族文化圈。从这个角度上看，位于鄂西南的恩施，是直接与土家文化圈的外围相邻，可以理解为在南、北两个方向上，是汉文化与土家文化两个圈层的结合部。

秦统一六国之后，为了保证峡江水道大动脉的安全畅通，历代封建王朝的中央政府总是想方设法压制邻近的少数民族势力，但由于地形的限制又难以完全征服这些少数民族，只能以"自治"的形式进行统治和管理。地处鄂西南的土家族势力，一直是封建王朝中央政权防备的重点。从北周建德三年（574年）设立施州开始，到清代"改土归流"，恩施市作为中央政权牵制、防御西南少数民族势力的"前哨要塞"和防卫官员的驻地，屯有重兵的同时也控制着清江一线区域。

在不同的历史时期，虽然土家族势力因为朝廷统治力量的强弱有所消长，但历史上的大多数时间里，历代封建统治者总是想方设法以恩施市为据点，将清江以北地区的政治、经济命脉掌握在手中，同时把绝大部分土家族势力控制在清江以南。

恩施市当地人经常把恩施州划分为施北四县与施南四县，除了方位上的习惯叫法外，也是与这个"历史原因"有关。历史上，土家族地方政权多位于施南的咸丰、宣恩、来凤、鹤峰；而主要位于清江以北的巴东、建始、恩施与利川，多是古道串联起来的战略支撑点，在此居住、生活的多为"戍边"的汉民，二者明显处于不同的文化区。

因此，作为"巫山—武陵民族走廊"最北面通道的清江流域，也可以理解为由北向南，汉文化区域与西南各个少数民族地区之间的过渡地带，划分着土汉两种势力的同时，也在不自觉中成为"汉文化区域"与"巫山—武陵民族走廊"之间的"文化疆界"，南北相邻的"土""汉"文化在这里直接发生触碰。

历代封建王朝中央统治者都非常重视峡江一带控制权的另一个原因，是这里拥有着丰富的盐业资源。

春秋时代，巴人因占据着这些盐业资源而得以立国。"巴子国"最强盛之时，疆域可以涵盖今天的川东北、重庆、鄂西南、湘西北以及陕西、贵州的部分区域。

为了向周边国家贩卖食盐，巴人开辟了可达秦楚的盐运水陆通道，横贯东西，并在日后发展成为跨越川（包括今重庆）、鄂、湘、黔、滇山区的"巴盐古道"（另一种称谓是"川盐古道"）。这条著名的文化路线因盐而生成，是推动区域政治、经济发展与传播文化的重要途径。

武陵山区是巴盐的传统销售区域，直到中华人民共和国成立后的一段时间里，山区百姓一直在食用巴地之盐。古盐道由北向南串联了不同地区、不同民族文化，甚至可以理解为峡江至武陵山区道路系统的基础。千百年来这些道路有水路、有陆路，可能是官道、商道、驿道，也可能是散布于山间、羊肠小路般的猎道、暗道、走私道，但无论哪种形态，都深刻影响着所经过区域的政治、经济、文化格局——大到征战杀伐、移民流动、文化传播；小到安家置业、婚丧嫁娶、五谷杂粮、茶米油盐……都可与它找到关联。

恩施州正处在这个道路系统的重要关节上。今天恩施州的版图就像一个拳头，"砸入"重庆的地界，被渝东峡江沿线的几大盐泉包围着，这些盐产地又临近峡江重要码头口岸。过去渝东的巴盐、峡江码头的货品物资无论东运楚地，还是南销武陵山区，必须穿越鄂西南的群山，由此而衍生的各类贸易一直长盛不衰。

因此，以古施州城为中心修建的四方古道，也是历代封建王朝中央政权必须控制的区域。这样既可控制向少数民族地区的盐业输出，对其加以制衡；也能把控由北至南峡江一线至武陵腹地的商品交易、货物运输。加上贯通东西的江南古道，四方商贸物流在此汇聚、中转，占据着恩施州就等于扼守了一方经济命脉。

以这个"贸易重镇"为基点，东西两个强大文化中心（成都平原与江汉平原）以及南北不同民族之间的物质、文化在此交易和交流。几千年间不同的势力在此"碰撞"，演绎出无数精彩的历史，使恩施州和恩施市如同一个地处十字路口的通衢之地，汇集了四方特色。

三、"多元"与"融合"背景下恩施市传统村落

鄂西南的土家族由于更靠近长江，受汉文化影响更大。当然地域文化的生成更多依赖于一方水土，也在不自觉中影响着当地的多个族群。恩施市虽在行政区域上划归湖北，却有着与荆楚大地不同的气质，从人文、地理、民风民俗上来看，更接近巴蜀一些。虽然这里的居民多为楚地移民的后裔，但还是在不自觉中被染上了"巴文化"的色彩，这种同一地域、多元文化背景下的"统一"，是恩施市文化的基本色。

恩施市文化这种兼容多样的基本秉性，是历代移民与原生民族在这片山原地带共同开拓、互相影响的结果。

巴蜀地区的移民历史始于何时，暂时无可考证。古时的川、渝地区，由于地理优势，战乱年代适合避难、割据、偏安，大一统的时代又是缓解平原地区人口压力的好去处，再加上丰富的盐业资源对外界有着极大的吸引力，这里的移民活动千百年间从未中断过。

在江汉平原与成都平原之间，把守着江南古道要津的恩施市自然成为历代移民走陆路入川的重要一站；再加上这里地处巫山—武陵民族走廊最北沿，出于政治和经济的需要，军队经常调度，商旅不断流动，各种文化的碰撞也更为频繁。因此地处"十字路口"的恩施市，人口流动方向也是多维的，除了从平原到山原的移民入川，还有长江流域与武陵山区之间不同族群之间的人员往来，甚至还有来自北方的游牧民族借道此地向东南沿海地区征战迁徙。

附注：学界有一种观点认为，土家族的民族成分，其一是当地土著，这是真正的原住民，如《后汉书·南蛮西南夷列传》所载的盐水女神部落和居住在成都平原的賨人；其二是巴人，典型代表是廪君部的白虎之巴，是一个不折不扣的"外来户"，通过征服与融合当地土著，曾经创造了辉煌的历史与文明，几经战乱又被打成了"蛮""夷"；其三就是历史上以这片区域为中心东迁西进，或是征服、或是避难、或是藏匿于此的各种人群。

即便是"蛮不出境，汉不入峒"制度最严格的时期，当地土家族地方政权

对于山外移民也持欢迎态度，尤其是欢迎掌握着先进生产技术的各类人才迁入。不同的族群、文化之间相互影响，加上少数民族政治势力与封建朝廷统治者之间的政治活动与商业贸易，促成了土家族历史上的多次大融合。千百年的融合形成了有着相同的生活习惯、民俗信仰和图腾符号的武陵土家。

改朝换代的年代，也是武陵山区移民活动最活跃的时期。据守山中的少数民族势力趁机向外扩张，而武陵遍布喀斯特地貌的高山峡谷区域，又是战乱中失败落魄的"少数人"南逃寻求庇护的理想之地。战乱结束后，天下归一，失败一方往往遁入深山，逐渐融入"蛮夷"部落；胜利一方也会向川峡一带移民，以补充因战乱损失的人口，加强对这片区域的控制。

各方移民的涌入使得"十字路口"上的恩施市多了些许"移民城市"的味道，再加上不同民族文化的互相作用，"多元"与"融合"这两个话题在恩施市表现得尤为抢眼。

仅存"画中"的老施州城东门渡口与南门街市，见证了这个城市旧时的繁华

（辛克靖 作）

清雍正年间的"改土归流"，结束了封建中央政权与土家族地方政权"对峙"的格局，也将文化的地域限制彻底打破，促成了鄂西南各民族的又一次大融合。

后来的近300年中，不同民族的外来移民在相互交往、交流、交融的过程中，逐渐被打上了相同的地域标签。直到1983年鄂西土家族苗族自治州的成立，各种外来文化因子最终被纳入完整稳定的地方文化体系中。

恩施市传统村落就是这种大融合背景之下重要的文化遗产。作为传统文化的基本载体，传统村落承载着一方农耕时代文化的精髓，蕴含着大量人文信息，兼有物质与非物质文化遗产特性，能够在其中解读出大量独特的历史记忆、宗族传衍、俚语方言、乡约乡规、生产方式等信息。它们作为一种独特的精神文化，因村落的存在而存在。成片的传统村落与古集镇，是各种"非遗"不能脱离的"生命土壤"。

清代"改土归流"以前，恩施市区域内的传统建筑是何种样式，由于历史资料的缺乏，无法直观呈现。但就建筑的风格、技术、材料使用而言，在外来先进技术更容易输入、经济条件相对富足的"官商道路"沿线的汉民族聚居区域，其建筑的造型与样式肯定较土家族地方政权统治的腹地丰富许多。

现在人们所见的土家族传统建筑风格体系多成型于清代改土归流之后。随着"湖广填四川"时期楚地不同民族移民的大量迁入，更多先进建造技术被引入；

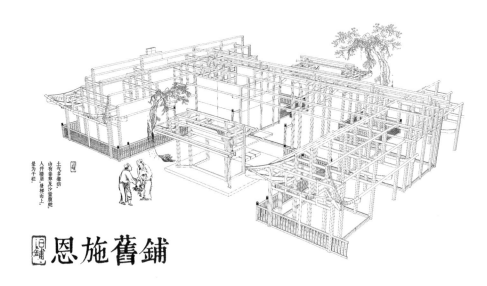

标准的土家族吊脚楼结构框架（盛家坝镇康家大院）

再加上阶层的限制被打破，土司时代只能服务于上层社会的"土司匠人"们虽然流落民间，却有了更大的、可以发挥的舞台。各种优秀技艺相互融合，逐渐形成了统一的建造规制与体系，也形成了独具民族特色的建筑风格。

简言之，土家族传统建筑是在本民族建筑语言的基础上，融入并吸取了汉族建筑格局及其他元素，精炼了传统修造技艺，最终形成的民族特色建筑。著名建筑学家张良皋先生在其专著《老房子——土家族吊脚楼》中论述了其基本特征："武陵山区地形闭塞，土家民风古朴淳厚，不难设想，这里相当完整地保存着巴人建筑的古貌。

早些年建造的土家族传统建筑基本构架，位于盛家坝镇车蓼坝村

巴人凭其文化上的中介地位，既因袭西南各族的干栏式，又吸收中原各族的井院构成井院式吊脚楼的独特体系。"这种建筑体系传承百年，至今未变。

就风格而言，恩施市传统建筑深受"土家族风格"影响，同时也拥有自身的特色，具体表现在各类建筑细节上。

从北到南，恩施市传统建筑在建造细节上的变化还是比较明显的。地处通衢之地的人们更容易接触到外来事物，建造技艺的多样性使得恩施市传统建筑在整体造型风格、建筑样式、材料应用等方面也更加丰富多样。这其中可能因拥有者族属而不同，也有受地域风格的影响，甚至由于"掌墨师"的个性而有所区别……（附注：在民间，"掌墨师"是指掌控墨线的师傅，即传统修房造屋时全程主持建设的"总工程师"，负责包括从堪舆选址、规划设计、地基开挖、来料加工到掌墨放线、房屋起架、上梁封顶等一系列活动，也就是负责风水堪舆、项目设计、预算规划、材料组织、施工管理和施工监督等建造活动。）

总的来说，恩施市清江以北的很多地方，已经有了汉文化建筑的影子；恩施市清江以南尤其是靠近宣恩、咸丰等历史上土家族传统聚居区域的地方，民族风格则更加明显。不同风格之间存在的那种微妙的"融合"，也特别精彩。

恩施市境内不同区域、不同风格的传统建筑样式

最典型的土家族传统吊脚楼位于恩施市南乡的盛家坝。明清时代，盛家坝是施州卫边地，与土司地接壤。正是这个原因，许多村寨，尤其是靠近宣恩、咸丰的地方，从建筑样式到细节上受土家族传统风格影响颇深，其建筑大多属于典型的"土家族传统民居"。同样是木质建筑，白果与芭蕉两乡由于"湖广填四川"时期湖南侗族移民的迁入，也可以找到些许侗族民居元素；北边的太阳河乡由于靠近重庆奉节，也有了川东民居的影子。

恩施市传统建筑最精彩的一片区域位于恩施市东乡，这里的建筑风格变化以清江为界有着明显的不同——江北靠近江南古道的崔家坝镇、沙地乡传统建筑从材料到样式都表现得更加多样，甚至可以看到代表长江流域民居建筑基本特征的封火山墙；而到了江南高山上，红土、新塘的几个古村镇又以纯木质建筑为主，当然，这些木质建筑也不是"纯粹"的土家族风格，由于开发时间较晚，它们有着更多样的装饰元素和更为灵活的结构样式，显得"混搭"。

四、恩施市传统村、镇体系

恩施市现有的村、镇体系，是在清代"湖广填四川"和"改土归流"之后，随着移民的迁入开始逐渐形成的，一直到民国初年才形成规模，但它发展的基础，却可以追至更早。

在秦代一直到清代"改土归流"这段历史时期，恩施市由于连通四方，"关隘纵横，山川险固，南土要害地"的区位，一直受中央朝廷或者雄霸一方的割据势力的重视。加之由于靠近西南"蛮夷"地区，恩施市在中央统治者的心目中更像是一个边境城市。恩施市所辖区域一方面可以理解为汉文化向土家族文化区域的过渡地带，另一方面则可被定义为军事战略缓冲区。

事实上，在恩施市历史上的大多数时期，清江以南的"蛮夷部落"通常在乱世才会趁机向北扩张，威胁到峡江，其他时间内多会被压制在武陵腹地。

位于恩施市芭蕉侗族乡黄泥塘村马河滩的鱼泉洞，曾立有北宋石刻一块，记载着北宋英宗时期（1064—1067年）施州通判李周的一段文字。民国初年恩施县知事郑永禧著《施州考古录·李通判龙洞题名》中记叙原文为："治平乙巳冬腊月也，会饮于板桥之龙洞，还，邑尉周昌符（二字稍小）郊迓，因通判李周巡按边徼。"其意是：宋治平二年（1065年）腊月，（我）与同僚聚会并饮宴于板桥龙洞，回去的时候，州尉（负责治安的官员）周昌符到郊外来迎接，这一切都是因为我（通判李周）巡视边境。

"边徼"即指的是施州南部边界，经制州与羁縻州之间的界。这段石碑提供的重要信息是：北宋年间施州清江县南界的一个节点，就在今天的恩施市芭蕉侗族乡九道水一带。以九道水山梁为界，北为施州，南为高州（今宣恩县），大体与今天两县的边界相当。

附注：羁縻州，是古代朝廷在边远少数民族地区（不完全是少数民族）所置之州，以夷制夷，因其俗以为治。其在政治上隶属中央政府，但自治权极大，拥有独立武装和税收，包括自己产生与任命官员，中央政府对其的约束仅限于贡纳赏赐。古代官方文书上的表述称经制州地为"内地"，称羁縻州地为"羁縻地"，两地有界，互不侵犯，但羁縻州要由经制州代行朝廷管理权，不能让其信马由缰，"羁縻"从字面上解释就是马笼头与缰绳，缰绳要牢牢地牵在中央朝廷手里。羁縻制度是唐代最成功的边疆策略，这一制度成功地在帝国周边构筑起一道减缓冲击的藩篱，也成功地提高了边疆少数民族的认可度。

历代封建王朝中央政权势力逐渐强大，对少数民族区域控制逐渐加强，向其统治的腹地推进、扩张与蚕食的过程，通常伴随着"改流"与"移民"政策以及文化的浸润，这也是历史上恩施市村、镇体系发展的一个过程。

元代，实行土司制，是羁縻州制度的一种延伸。明清时代的国力空前强大，中央政权向清江以南少数民族地域扩张的速度加快，为了加强对当地的控制，逐渐迁入大量移民，恩施市的传统村镇格局在这一时期逐渐成形。

明洪武二十三年（1390年），中央政府为了加强对施南一带土司诸部的统治，实行军、民共治，撤销施州并入施州卫并改置为施州卫军民指挥使司，下辖三千户所的同时，又依户籍人口编为三里——市郭里、都亭里、崇宁里。统领军民千户所1个，即大田军民千户所（卫下属机构，今咸丰县境内）及宣抚司、安抚司、长官司、蛮夷长官司等级别土司31个。

其中的"市郭里、都亭里、崇宁里"三里编户范围基本上涵盖了前朝施州清江县的领地，也是今天恩施市的基础。

为了永固江山，明太祖朱元璋实施屯田戍边，在全国古驿道两侧产粮区和关隘广设"屯堡"，派军队屯驻防守，"三分操备，七分耕种"，后又将这些屯军的家属强行迁往驻地，形成了明代初期的一次大规模移民潮。恩施市很多集镇、村落的建制沿革多始于明代，就是因为这个原因。这一时期恩施市集镇与村落主要分布在朝廷经营的官道沿线，多围绕着铺递驿站与军屯寨堡展开，人口的增加促进了驿道、商道等道路延伸。

"清初袭明制"，继续着明代的卫所制度。清顺治元年至雍正五年（1644—1727年）三里编户的区域为湖广省荆州府施州卫军民指挥使司直辖，直到雍正施行"改土归流",才将市郭里、都亭里、崇宁里三里编户改为恩施县。

清代"改土归流"前,像江南古道那样的由朝廷控制的重要"官道",沿线居民多是行盐与贩货的商人以及戍边的军户。集镇与村落仅在道路沿线的农垦区域分布,多以集场、驿站和军屯驻地的形式存在,其他地方的人口则相对稀少。直到改土归流后楚地移民的大量迁入,才使远离主要道路沿线的偏僻山地得到开发,也新增了更多聚落。

清朝末年,盐道上的背夫(西德尼·戴维·甘博 摄)

过去,受制于山区的地形,鄂西南的运输多为人背马驮,由于山路艰险,加之负重量大,一日行程很难超过一个马站——六十华里(30千米)。为方便骡马商队和挑夫落脚休息,加上驿递的需要,在道路关口、驿站的基础之上形成了一些以商业交换为主要功能的聚落,谓之集场,也就是一方的商业中心。旧时有"三十里一小场,六十里一大场"的说法,就是顺应了这种交通经济组织形式,这也直接影响了鄂西南的村镇格局。

恩施市传统村落

清代"改土归流"后的近 300 年间，不同时代移民的大量进入加速了汉文化向武陵区域的传播。由于恩施市少有大规模的战乱发生，番薯、玉米、洋芋等新兴农作物的引入养活了更多的人口，也增加了巴盐的消费人群，使盐路得到拓展，促进交通体系进一步完善，并将散布于山间的各种聚落有机地组织在一起。相对安定的社会环境促进了各个民族的融合与地域文化的成型，外来者与世居于此的原住民逐渐被统一成为生活在同一方水土之下的完整族群。

清代的恩施县版图逐渐定型。道光《施南府志》记载当时施南府恩施县以老施州城为中心，在恩施城周边原有的三里编户的道路基础上改修、扩建，最终形成了施宜、施万、施夔、施巴、施鹤、施黔、施巫等对外交通线路。这是巴盐古道的终极版本，也是恩施市传统村、镇体系的最终框架。根据这些道路的方向，按照沿途集场所划分的"四乡"，最终形成了一个完整的"城乡结构体系"，直到今天，其成为系统研究恩施市传统村落的基本框架。

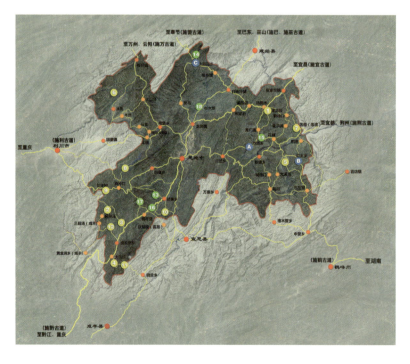

恩施市历史文化名村、名镇以及中国传统村落等特色保护类镇、村资源分布图

走近

/Zoujin/

聚落之经典　古韵二官寨
——盛家坝镇二官寨村

一、村庄概况

二官寨村地处恩施市西南方向的盛家坝镇西北部，距盛家坝镇集镇17千米，东与石栏村连界，南与安乐屯村接壤，西接麻茶沟村，北与芭蕉侗族乡、白果乡相连，下辖小溪、旧铺、洞塆、圣孔坪与舍田等自然村。全村共有867户，3015人。国土面积37.6平方千米，平均海拔1000米，耕地5443亩（1亩

≈666.67平方米),旱地3521亩,水田1922亩(二官寨村村委会2018年统计数据)。

村庄地处云贵高原边缘的鄂西南山地、武陵山脉北上余脉的边缘地带,位于利川星斗山主脉东南坡一二层台地之间;为喀斯特地质结构,岭脊险峻,山高谷深,山体内溶蚀洼地、溶洞伏流、暗河泉眼,比比皆是;有铁矿、煤矿和陶土等矿产资源。土壤主要类型为黄壤和黄棕壤,适宜种植水稻、玉米、洋芋、豆类、油菜等农作物和茶叶、烟叶、漆树、果树等经济作物,以及杉木、楠木、马尾松等用材林和部分中药材,有红豆杉等多种珍稀植物和红腹锦鸡等珍禽异兽。

二官寨村紧邻恩施市经咸丰县至重庆市黔江区的旧官道——施黔大道(今天的恩咸公路)。发源于白果乡金龙坝村,以西北至东南走向纵贯整个二官寨村村域的旧铺河,使二官寨村成为利川市至宣恩县古盐道必经之地。沿线的洞塆、旧铺、小溪等村落在古时是道路节点,守备要地。

村境内山水奇特秀丽,两条河流——小溪河和旧铺河属乌江水系,是乌江支流阿蓬江上游源头之一。两河在百步梯官渡河相汇后,注入盛家坝镇的母亲河马鹿河,将二官寨村分割形成"三山夹两溪"的地理格局。由于地处深山,交通闭塞,二官寨村现代农业发展较晚,传统村落、民风民俗等物质文化遗产、非物质文化遗产丰富,依然完整地保留着多个原生态的古村寨聚落。

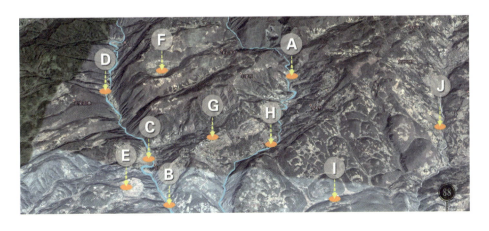

二官寨村"三山夹两溪"的地理格局

二、二官寨村历史

历史上,二官寨村曾是恩施市南乡重要的驿站与军事驻屯单位,从汉时的考古发现,到魏晋南北朝时期的崖葬奇观,以至唐宋时兴盛的盐路与明朝的军屯民垦,再到明清时的人口迁徙,繁盛一时,最后因经济重心转移、盐路衰败而渐渐淡出人们的视野,仅留下旧时青瓦木房,点点滴滴讲述着村庄的兴盛与衰败。

1. 明代以前的二官寨村

据史料记载及中华人民共和国成立后考古发现的青铜器考证,二官寨村有人活动的历史可溯至汉代。但笔者认为自春秋战国时代巴人立国之后,此地就可能是楚地进入巴蜀的重要通道之一。

南北朝时,施州郡设立,为了制约、管辖施南地区的少数民族部族,中央政府逐步在巴盐古道的基础上修建官道,以加强施南地区与外界的联系,形成了从今长江流域的宜昌、巴东、奉节、万州等地经恩施市到重庆黔江的交通体系。位于官渡河岩壁上的百步梯岩葬处,有离地30余米人工凿成的石罅,传说当地有人进入穴中,掀下木板发现棺椁。可见魏晋南北朝时期这一区域便有人定居,且不乏家业繁盛之家族。

从唐代设立羁縻州开始,施州便是军事前沿,设在彭水郁山的黔中道是施州的上级领导机构,连接"施黔"的古道是施州与其交往的重要通道。政治军事联系的频繁与民间社会经济文化交往的需要使得这条古道意义非凡,沿线关卡林立、寨堡遍布。由于扼守着关口要道,二官寨村在这一时期便可能是重要的"寨堡",具备防卫功能。

宋代,中央政府屯兵施州,从重庆夔(今奉节)万(今万州)由人畜运输物资粮食,但由于远离粮食产区,运输困难,补给相当不便。宋真宗时开盐禁,准当地土著百姓"以粟易盐",以便就近提供驻军军粮。宋末,蒙古大军自蜀地经施黔古道入湖湘,途经施州,守将孟珙择险立寨栅以卫民,收纳流民耕种以养兵，在施黔大道各险要处立寨屯田。

二官寨村有建制沿革记录的历史始于明代，当时属金峒土司和施州卫市郭里第七、八、九甲辖域。明洪武年间，焦、刘、盛、王、陈、康、石、贺、杨等九姓军人进入盛家坝，建屯开坝，形成各个军垦村寨，史称"九姓征蛮"。相传旧铺村犀牛洞，在明代时村人便"多避兵于此"，可见那时二官寨村已有人长期居住，而且人口已经形成一定规模。

2. 清代之二官寨村

明末清初，四川多战乱，人口匮乏。清康雍年间，湖广移民由多条古盐道入川。二官寨村古道也是"湖广填四川"时期移民入川的重要通道之一，因此现居二官寨村及周边村寨居民多为外省移民后裔。各个自然村落多为聚族而居，如小溪胡氏、旧铺康氏等，也与其他姓氏通婚。民国时期，还有少数入赘上门户，保留着子女随母姓现象。中华人民共和国成立后，随父姓者逐渐增多。所以，村中其他姓氏居民，大多属这种情况。

据史料记载，清康雍年间，胡文隆自湖南芷江移居恩施县屯堡鸦松溪，生三子：枝秀、枝英、枝砚。枝秀落户石门坝，枝英落户秀溪塘，枝砚及其子孙先后经龙洞河、大树坪、高楼塘、三丘田，再到小溪。（附注：胡氏来小溪时，有周姓在此居住。）清康雍年间，康光壁、康仁成等20人从湖南宝庆府湘乡县迁湖北恩施县，在此落户。自此胡、康成为二官寨村小溪与旧铺的两大姓氏，并一直延续至今。

据传，清同治元年（1862年）正月，太平天国翼王石达开率领一路主力军从湖南永顺绕过龙山到达来凤，停留数日，弃城北上，分兵三路欲取施南府，一路包抄恩施县盛家坝，另一路袭击恩施县所属二官屯等处，第三路则攻占恩施县牛滚凼，合围恩施城，途中遭遇清军截击，事败。随即，石达开转至咸丰县境，正月十二日进入利川境，绕过利川城进入四川石柱，取道贵州，抢渡金沙江，向滇川进军。据传，石达开曾率领太平军经过康家大院，在五进堂住了三天，走时在门上砍了三刀，在堂屋神桌上刻一"天"字，此桌现保存于竹园康纪坤家。

3. 民国时期之二官寨村

第二次国内革命战争时期，贺龙建立了以鹤峰为中心的湘鄂边苏区。1928年12月3日，贺龙率工农革命军第四军从宣恩县经大集镇、白果乡抵利川县老屋基村，宣布成立"湘鄂西前敌委员会"；1933年8—12月，贺龙率领红三军第九师在恩施、宣恩、利川开展游击斗争，创办金龙坝游击大队，先后五次到大集没收土豪稻谷，充军饷、分农户，开展游击斗争；1934年2月，贺龙率领红三军九师到大集打土豪。3月、9月，红军游击队到大集游击。红军游击恩施县盛家坝、芭蕉、白果期间，曾多次行军经过旧铺、洞塆，经古道入利川。旧铺康朝成参加红军，后被土匪杀害。白果黄秀明（康氏亲戚）加入红军，相传其为贺龙牵过马。

抗战时期，沿海盐源被日军封锁，楚地缺盐，川盐又一次得以兴盛，史称第二次"川盐济楚"。产于四川的食盐与来自西南大后方的其他战略物资一起，通过武陵山区的各条古道源源不断地被输送至抗日前线。此时的二官寨村各个村寨都有自己的盐帮组织，运盐到湖南、贵州一带。

4. 中华人民共和国成立后

1949年末第二野战军发起鄂西南战役，11月6日恩施市解放，11月28日恩施州全境解放，二官寨村初属芭蕉区管辖；

1950年3月至1952年7月，为恩施县桅杆区；

1952年8月至1958年10月，为恩施县第14（大集）区；

1958年11月至1961年7月，为光辉人民公社；

1961年8月至1975年6月，为恩施县大集区；

1975年7月至1983年12月，为大集（盛家）人民公社；

1984年1月至1996年12月，为恩施市盛家坝区；

1997年1月至今，为恩施市盛家坝镇。

2001年，二官寨村设立，辖二官寨、旧铺、小溪、洞塆、圣孔坪五个村组。

三、二官寨村传统村落遗存

历史上，有多条古道途经二官寨村。其中一条是恩施市经芭蕉侗族乡、盛家坝镇到达黔江的"施黔大道"，在未通公路之前，道路离开桅杆堡后便转向龙洞河经过小溪、丫岔坝、二官寨直达旧铺，之后再通往盛家坝，大体呈东北至西南走向。

另一条则是宣恩晓关经二官寨村旧铺、白果乡金龙坝村入利川的古道，这条道路沿穿越星斗山主脉的官渡河、旧铺河，连通了"施黔大道"与"施利大道"（与擦二官寨村而过直达盛家坝的施黔大道交会于构树园，过白果乡金龙坝村后在见天坝村与施利大道相连，之后直达利川）。这条道路也是巴盐古道之川湘古道（古名黔中古道）的重要组成部分，云阳、忠县等长江沿线口岸和码头的货物、食盐南下武陵多经此路。

清代"湖广填四川"时期，伴随着"改土归流"与四川盐业开发，大量外来移民沿古道迁入。盛家坝由于是入川的施黔古道关节点，成为恩施南乡重要的移民集散地，周边多有黔、湘移民聚族而居。二官寨村的旧铺、小溪、洞塆、圣孔坪与舍田等村寨多形成发展于这一时期。

1. 旧铺

旧铺是一个聚族而居的家族性村落，是恩施市南乡康氏聚居地之一。据恩施市康氏家谱记载：恩施市后裔与祖籍湖南省新化县后裔同属康氏"南八支系"，源于江西吉安府泰和县千秋乡梅子坡早禾塘庆渡金仙庙王万段土地圳上谷林，到恩施市开基立业。其间，"以先带后，凝人气，攀乡谊，聚族亲，断断续续迁移，历时160余年"。

湖南新化康氏族谱载,共 27 位康氏家族成员携眷迁居恩施市。清康熙(166—1722 年)年间迁出 4 位:光壁、光福、明学、力银(福一)。清雍正(1723—1735 年)年间 2 位:仁诺、兴名。清乾隆(1736—1796 年)年间 19 位:光濯、光杰、光宇、兴琢、光聪、明元、兴楔、兴安、天荣、天助、光玉、世刘、仁道、天训、仁金、兴会、兴国、代乾、代焕。清嘉庆(1796—1821 年)年间 2 位:明河、光文。(据《湖南新化康氏族谱》《恩施康氏族谱》)

旧铺村所处的地形与梯田

旧铺村寨坐西向东,枕山面溪。村前旧铺河,海拔 700 米左右,是官渡河的上游,其上游源头是白果乡境内的金龙河、腰带溪与扯布溪三条溪流。它们在流横塘村汇合后转向南方,在河流作用下"切"开了星斗山主脉,也为宣恩、咸丰一线的人们前往利川提供了天然的通道。

旧铺正好守在了古道的关卡节点，地理位置重要。早期极可能负有馆驿与守备职责，而且从梯田的形态与规模来看，也可能属于军屯。据考证，旧铺之"铺"应同"堡"，因后来区域防卫重心转移，在桅杆堡设堡，故将原有军屯的管理单元改名"旧堡"，逐渐"军转民"，随着社会环境的安定逐渐改为纯粹的农居。

据说最早定居旧铺的另有其人，因为年代久远无法考证。康家迁居此地后，按照"挽草为界"的规矩，只能占荒山。他们最早落脚于旧铺南侧山顶之上叫作舍田的小村寨（另一说法是"社田"）。

从地形来看，舍田是典型的高山丘陵地，海拔高，汲水不便且土地贫瘠。康氏先祖硬是将其开垦成百亩良田，养活了一众后人，成就了家业，并逐渐占据了舍田、旧铺以至洞塆的一大片区域，成为一方旺族。

舍田村是恩施市南乡康氏发源地

位于旧铺的康家寨子是二官寨村最大的一处传统聚落，仅传统建筑遗存就有约5000平方米，主要由"康家大院"与北侧"新院子"的吊脚楼群组成，鳞次栉比地排布在旧铺河流域最大的一块河谷盆地上。村寨与河流之间的大坝之上耕种有梯田千亩，皆为沃土，所产红谷、油黏稻米质地上佳。

康家大院建于清咸丰年间，是康氏祖屋，选址于星斗山主脉毛花尖山峰下一个叫"堡堡上"的台地，可以俯瞰整个河谷。周边修竹簇拥、溪流环抱，山水格局极佳。它是恩施市康氏历史名人、施南府邑庠生、丫岔府官吏康明达所修建，由朝门、亭子、五进堂屋组成，坐西朝东，以四合天井八口排列，建筑规模宏大，约2000平方米。旧宅在1974年曾遇火灾，现存建筑为原址重建。

康家大院航拍平面图

据传，康家大院五进堂中曾有康家所开的客栈，闻名于川湘古道。每年临近年关，客栈总要将铺位修缮一新以便来年招待客人，因此有"今年打铺明年睡"之说，"旧堡"也因这座客栈的存在而成为"旧铺"。

1949年中华人民共和国成立后，随着家族人口的增长，康家大院已经远远不能满足需求。后人便在北侧毛花尖山梯田边缘的山腰处修建房屋，形成新寨，就是今天所见的"新院子"吊脚楼群。现完整留存的有十余栋"撮箕口""钥匙头""一字形"木构建筑，均为传统形制，全木结构青瓦房，穿斗式机构悬山顶，与"康家大院"建筑群以及其他散布山间的单体建筑共同组成了旧铺古寨。

2. 小溪村

小溪村位于二官寨村北部，因小溪河而得名。

小溪村鸟瞰

小溪河是乌江支流阿蓬江上游水源之一,属季节性河流,发源于星斗山脉的穿洞,由北向东南穿过深山峡谷,汇入马鹿河,全长约20千米。上游5千米为高山峡谷,植被丰茂,风景优美。中游6千米是河水冲击形成的深谷坪坝,土地肥沃,群山环绕,远离尘世。小溪村便位于这处"桃源胜地"之间。

小溪村现有居民多姓胡,全村162户人家,其中胡姓就有100多户,占全村人口的90%以上(据二官寨村村委会2018年数据)。小溪胡氏源于安徽和州(现为和县),明洪武二年留居湖南芷江,融入侗族,后移民至此。

早在明代,小溪村所处的河谷盆地就已经开始较大规模的改田造地。小溪村的胡氏到达之前早有蒋、周二姓居住于此,按照当时社会环境分析,蒋、周二姓极有可能是来此屯驻的军户。清代胡氏迁入后,更是拓垦耕地。

小溪盆地地势较低,适合水稻生长,历史上稻作规模较大。为了灌溉,胡氏先祖曾在小溪河上游筑坝拦河引水,通过沟渠将河水输送至村庄的每一个角落,场景颇为壮观。这个灌溉系统直到21世纪初还在使用,现在却难觅踪迹,仅保留着中坝一处废弃的水碾。

小溪村是一处民族特色鲜明的古村落,村寨以小溪河为轴线,依山临水,与自然环境和谐共存,原汁原味的民族文化与自然生态环境高度融合。

村落依河水的走向,自北向南由上坝、中坝、下坝三个大院落吊脚楼群,以及河沙坝、梁子上、下河、茶园堡、三丘田等小院落共75栋木结构建筑组成。其中,上坝与中坝为传统建筑最为集中的两个区域。

位于中坝的胡家大院是胡氏祖屋,始建于清朝乾隆年间。大院子原有三进,后因火灾,最早修建的建筑中仅剩落脚朝门,内里仅依稀可辨三进地基的轮廓,还有石块铺陈的三处天井。现在的大院除了火灾中幸存的落脚朝门,周边其他建筑多为重建。建筑前段主体呈"H"形,以朝门为中心两侧各有厢房四间,临街为半干栏吊脚楼结构,右侧一栋转角吊脚楼保存有一间火铺,及火塘、壁柜、住房等,传统布局完整。原有第一、二进正房已完全消失,第三进正房五间,建于民国时期。堂屋为胡家祖祠,神龛两侧对联"祖居沅州家声远,迁移楚地宗功长",诠释着小溪胡氏的来源。

胡家大院的落脚朝门是小溪最古老的建筑遗存之一,为清代乾隆年间的"原作"。大门保存较为完整,为"八"字形,门前十多步光滑的石阶和圆润的条石门槛凸显了它的历史。门体正上方原有匾额,现已不知所踪。挑檐有斗拱,左上方有雕饰精致、栩栩如生的木鱼衬托着前伸的挑枋,以承接瓦檐。居住于此

小溪村胡家大院

的胡姓族人介绍，这里原雕有左右对称的一对木凤凰和一对木鱼，现在仅剩这一处木雕鱼图案。

这座大宅所在的地方又名"店子湾"，由于紧邻古道，曾经专门有一座供往来商贾食宿的店铺。据村中老人回忆，在民国时期还有盐帮组织从云阳等地背盐前往湘西一线贩卖，途经此地。

小溪上坝位于中坝正北，小溪河上游谷口，现存传统建筑十余座，顺应山势分列溪水两侧山边。多为"一"字形、"钥匙头"、"撮箕口"单体穿斗式木结构建筑。上坝原有一栋四层吊脚楼，第二层安装有滴水檐，后被损毁。

3. 洞塆与圣孔坪

洞塆与圣孔坪是二官寨村下辖的两个自然村，位于村委会西北。从地图上看，两村相邻，然而现实中，却处于截然不同的地理环境之中。

洞塆位于旧铺上游的旧铺河河谷之中，两侧山势险要，河水清澈，山间土地肥沃，是利川途经见天坝村、金龙坝村到宣恩的必经之地。据说当年古道依地势贯通河流两侧，河中间有大石搭成的跳磴，商队沿河而行需要蹚水四十八次，故有"四十八道脚不干"之说。居住在洞塆的百姓以康、胡、田姓为主，一直享受着"道路经济"带来的便利，人丁兴旺，屋舍众多。多个小村落随着河流地势变化而变化，或独门独户或三两成群散落在河流两侧古道边，最大的一片有十余栋传统建筑。

洞塆河谷西侧靠近旧铺的位置有处陡峭的崖壁，当地人称"锯子梁"，梁下有岩生石笋，长三尺许，被叫作"相公石"。传闻清明时若有人能用小石块击中相公石，生子必贵。相公石属"阳"，有阳则必有"阴"，东侧山体上的"圣孔"与之相对应。

"圣孔"是一处天然溶洞，这正是"洞塆"地名的来源——"有洞的山坳"。洞上方是"天生桥"，上有一处巨石形如仙女盘膝而坐。洞中有天坑，底部洞厅足有 300 余平方米。而洞穴的另一侧通往一处高山盆地，盆地由于与洞塆村仅

洞塆村传统建筑

有"一孔之隔",被当地人称为"圣孔坪"。

圣孔坪四面山峦环抱,中间地势平缓,是一处典型的高山盆地。盆地内有800亩农田,由于海拔较高,坪内盛产烤烟。居民以田、熊两姓居多,拥有房舍百余间,其中木质吊脚楼建筑占总量的60%以上。

当地村民开凿小路,可沿着溪水经过洞穴互相往来。自洞塆顺水而上穿过岩洞到达圣孔坪的情景,像极了《桃花源记》中的描写。

四、二官寨村非物质文化遗产

1. 吊脚楼建造技艺

吊脚楼建造技艺流行于恩施州地区。恩施市城南及咸丰县、宣恩县等地现仍保存大量土家吊脚楼。随着新农村的建设，部分吊脚楼消失，传统技艺保存状态堪忧。盛家坝镇掌握营造技艺的人较多，如20世纪80年代去世的胡志亮、龙显彦都是当地著名的掌墨师。胡志亮基本上参与了小溪近代大部分吊脚楼的建造，带有徒弟。如今黎德新、胡广富等都是当地有名的建造师，黎德新参加了土司城、梭布垭风景区、恩施州博物馆吊脚楼的修建工程。

2. 油茶汤制作技艺

油茶汤制作技艺是来凤县和咸丰县申报的第三批湖北省非物质文化遗产。二官寨村毗邻咸丰地区，食用油茶汤习俗历史悠久，制作技艺独特。二官寨村90%以上妇女、30%的男性均能制作可口的油茶汤，旧铺的康伦山、小溪的胡美玉都是制作油茶汤的佼佼者。特别是二官寨村油茶汤里煮荷包蛋，食材采用当地种植的大米、玉米、花生、土鸡蛋、大蒜苗，既能解决一时的饥饿，又让人感受香淳的滋味，深受人们喜爱。

3. 祭社习俗

恩施社节，俗称"过社"，是恩施市申报的第一批湖北省非物质文化遗产，其源头可追溯到数千年前的农耕文明时期，见诸文字的记载最早为清嘉庆版《恩施县志》，社节主要有吃社饭与拦社两大内容，在立春后第五个戊日——春社日前举行。社饭原是古人社日祭祀土地神即社神的祭品，现在演变成具有民族特色的饮食习俗。拦社，是在春社日前祭扫三年内的新坟，仪式中的花锣鼓表演沿袭了古代社日以鼓祭社的习俗，文艺表演则沿袭了古人祭社的娱神内容。恩施社节体现了一个"和"字，拉近了亲朋邻里关系；也体现了一个"孝"字，强化"尊老敬老"及"勿忘父母养育之恩"的传统美德。

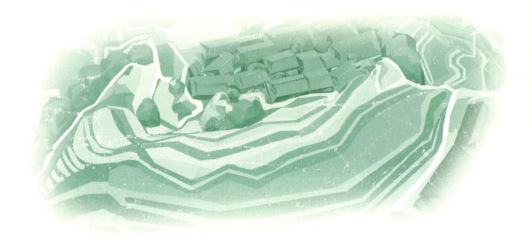

一地连四县 南乡大集场
——盛家坝镇大集场村

一、村庄概况

大集场村位于恩施市西南方向 60 千米，为盛家坝下属的一个行政村，地理位置东经 29°55′43.16″、北纬 109°10′49.40″，属于中亚热带季风型山地湿润性气候。东与恩施市车蓼坝村和宣恩草坝场接壤，西、南两方同咸丰县黄金洞、清坪毗邻，北接恩施市下营坝村。X002县道恩咸公路（恩施市至咸丰县）从境内穿过，距咸丰黄金洞旅游景区仅9千米路程。村委会设在大集场集镇，辖区面积32平方千米，现有耕地面积5281亩，其中旱地2657亩、水田2624亩、林地20976亩，土地面积35平方千米，平均海拔830米。全村总人口5020人，1255户。（大集场村村委会2018年数据统计）

大集场村位于施黔谷地的低山丘陵地带

大集场村村域内的丘陵群山，远处的山脉为富尔山——星斗山

马鹿河下游冷水河（乌江支流阿蓬江的上游）位于村庄东部，由北而下贯穿整个村域，静水深流，从村庄南部进入咸丰，发源于盛家坝的众多河溪汇集在这条河中。这段河谷也是中国传统村落大集场村与车蓼坝村的界河，平均下切达200米。河两岸山清水秀，地势险要，十二泉风景更是诱人，极少见的青猴、珍贵的红腹锦鸡等嬉戏于其间。更有钟家洞、凉风洞等大型溶洞群，洞内石笋林立，还有民国期间炼火药的遗留设施，拥有巨大的商业开发价值。

受地势环境的影响，大集场村境内多沃土，土壤理化状态良好，出产稻谷、玉米、红薯、洋芋、黄豆、蚕豆、花生、油茶、烤烟、茶叶、生漆，以及杉木、楠木、马尾松、枫树和部分中药材，还有成小片自然生长的红豆杉。大集珍米、茶叶为村庄的两大特产。

二、恩施市的"移民重镇"——大集场

大集场村是恩施市众多老集场中最南端的一个，因施州老城到黔江的重要"官道"——施黔古道的兴盛而繁荣，是恩施、咸丰交界处的重要商贸中心、盐业集镇，是"湖广填四川"时期重要移民集散地。

大集场村的名字来源于大歇场，早时此处仅有几间茅草屋和一棵大树，路过此地的恩施、咸丰、宣恩、利川的客商和农民，常在此歇脚休息，故得此名。明代施黔古道（古施州至黔江）改道芭蕉、盛家坝一直通往黔江，此地由于紧挨施南、金峒与忠孝土司，此地成为不折不扣的施州卫边地。由于军事驻屯的需要，大量移民到来，房屋增多，逐渐在穿越山槽的小溪两岸形成两条街道，形成了享誉恩、宣、咸、利四地乃至四川黔江的贸易集市，大歇场后改称为大集场。

大集场村在历史上作为"湖广填四川"时入川的第一站，在移民史上有着很重要的地位。清康雍年间改土归流，大集场村由于地处施黔大道沿线，又临近川、鄂边界，道路便捷，成为移民通道上重要的集散地。外来移民尤其是来自湖北的移民多在此地集聚、修整，领钱粮、路引后踏上入川的行程。

清末，第一次"川盐济楚"带来的巨大利润引发了一次大规模的商业移民潮，

清朝中晚期至民国时期，大批资本雄厚的外地商人西进川、渝，带动了巴蜀地区各个盐道节点上的商业场镇的发展。大集场村与盐业经济发达的黔江郁山盐场相距不远，又地处川鄂盐道与川湘盐道两大盐道体系的交界处。优越的区位提供了便利的营商环境，使大集场村在"川盐济楚"时期成为重要的盐业集镇，其他各类商贸活动愈发兴盛繁荣。大量的江西、湖南、贵州移民来到此地，建设并繁荣了大集场村。

各省移民来到大集场村后，需要以省籍为范围成立自行管理和互相帮助的机构，即同乡会与办事机构。在传统"本源"意识的推动下，各省会馆作为整合外乡人的纽带，多以"宫庙"的形式存在，祭祀移民原籍中有代表性的神仙、名人。这其中很多宫庙是在盐业贸易带动下产生的利益团体所建，因此各个宫庙也极有可能是盐业会馆。

大集老街上以贵州会馆忠烈宫、湖南会馆禹王宫、江西会馆万寿宫三座宫庙建筑最为著名，分别是当地贵州、湖南、江西移民的同乡会所。

抗日战争时期，第二次"川盐济楚"又一次促进了大集场村的经济发展。1945年人们将连接两街的小桥拆除，溪上重建风雨桥，两街连成一条南北走向的直街，长约200米。房屋多为石木结构，青砖黑瓦别具一格。每逢农历初一、初六赶场，商贾云集，各种贸易生意火爆。农历六月二十四至七月初一，为忠烈宫、禹王宫、万寿宫三宫庙会，是大集场村最热闹的时候。每逢此时，各地的善男信女多会汇聚大集。三宫香火旺盛，南戏班日日在庙里戏台演出，龙灯、采莲灯、连响等民间艺人在街上竞相献技；各类商品交易兴盛。每天赶庙会的百姓多达数千人，热闹非凡，最多时集镇上有七家客栈接待客人，仍不够用。

清朝末年巴蜀移民会馆内的民众
（西德尼·戴维·甘博　摄）

三、大集场村物质文化遗产

1. 两街有三庙

大集场村老街修建在施黔谷地众多丘陵之中的槽地间，曾经便利的交通带动了商业活动的发展，使得大集场村成为四县相通的门户集镇。这里的老街场规模很大，如果能留存下来的话，将是一座古韵十足的老街。

大集场村禹王宫改修后绘制的壁画，讲述着集镇的历史

大集场村老街周边的丘陵、河谷地带水源充沛，土地肥沃，是可以接纳外来移民落业、定居的好去处。久而久之，形成了以大集老街为中心，四方古道为脉络，联系周边各个家族型村落的格局。这种传统的商业集镇—村落的基础格局延续了几百年，直接影响到今天的村、镇体系的成形。

1949年中华人民共和国成立之后，大集场村老街的传统建筑随着时间的推移而逐渐被拆除，老街上成排的传统木建筑逐渐不见踪影，取而代之的是现代化的新民居，分列道路的两侧，唯一未变的是顺地势而建的街巷肌理。

如今的大集场村集镇烟火气息依旧，仍然是周边百姓交易的首选之地。农历初一、初六的场期依旧，四里八乡的山民依然如同他们的父辈一样来此地赶场。

今天所能见到的忠烈宫只剩一座残壁和一副石刻对联："千花培黔阁，百宝

大集场村老街街巷

赛楚楼"。万寿宫原址也被改为学校，仅保存了具有徽派风格的牌坊式宫门与门前多层石阶，裸露的砖墙上依稀可见刻烧的"万寿宫"字样。

忠烈宫残存的墙壁与万寿宫遗存的宫门

禹王宫还可依稀辨别部分基址，所剩无几的一些石柱础堆放在大集场村村委会的食堂门口，还有一对高大的石狮。2018年盛家坝镇政府在此基础上建成了一个戏台，专门作为以南戏为代表的地方戏曲的表演与传承基地；并利用门口村委会的老办公楼改建了一处民俗博物馆，使其成了一处居民文化娱乐活动场所。

今天从恩施市到大集场村，最近的道路依然是由施黔古道延续而来的恩咸公路，未来，这条道路将被扩宽成为横贯中国东西部的351国道的一部分。

而另外一个方向，从宣恩晓关到利川毛坝途经大集场村的古道（路径是：

经宣恩县草把场、拖泥沟、十二泉、理龙山、余家河、三女排、大集场、三洼、杨二槽、鸡公石、巴西坝（隶属咸丰县）、伍家台、芭蕉溪、黄河坝大桥、黄金洞、毛坝，过利川入重庆和四川）则被规划成为南北走向的242国道的一段。两条道路在大集场村交汇，将为这个老集镇的发展带来新的契机。

附注：

忠烈宫亦名贵州馆、黑神庙（供奉川东菩萨），位于大集场村南街东侧，建于清代，奉祀唐代忠臣南霁云，相传其因面黑，被称为黑神。它的前身是贵阳的南霁云祠，明代贵州按察使王宪请示朝廷将南霁云列入秩祀，并赐号"忠烈"，故各地祭祀南霁云的庙皆称"忠烈宫"。因此，各地贵州会所多为忠烈宫。

大集忠烈宫为湘黔落业大集移民后裔的祭祖之地，占地2000平方米，建房四进，木起瓦盖，四壁石墙，供奉黑神、川主、魁星等多尊神像。至2000年，仅黑神殿佛台尚存，佛台两旁石刻楹联"千花培黔阁""百宝赛楚楼"字迹依稀可见。直到现在，很多外村人都慕名而来，或许愿还愿。

禹王宫位于大集场村中街东侧，为湖南移民所建，供奉大禹。长江中下游的湖广一带，由于常年遭受水灾困扰，大禹宫庙尤其多，因此禹王宫也就成了湖广人的标志性会所。禹王宫建于清乾隆时期，为湘北落业大集移民后裔集资所建，占地1000平方米，建房两进，木起瓦盖，供禹王等神像。四侧置围墙，门前置雌雄石狮（被称镇邪石狮）一对。镇邪石狮仍保存完整，目前置于大集村村委会门前，雌雄各一，左右守望。雄狮高一米，眼似铜铃，鼻大口方，蹲于石座之上。雌同雄长，两眼圆睁，龇牙咧齿，肩托脚踏幼仔。两狮工艺精美，雕刻细腻，栩栩如生。

万寿宫亦名江西庙，位于大集场村下街，为当地江西移民所建，奉祀被神化了的历史人物许真君。许真君，姓许名逊，字敬之，祖籍河南汝南。东汉末年，社会动乱，其父许肃避往江西南昌。至三国吴赤乌二年（239年），许逊出生于南昌县长定乡益塘坡。相传许逊生性聪颖，博通经史，精医理道术。西晋太康元年（280年），许逊出任四川旌阳县令。他近贤远奸，居官清廉，经十年的精心施政，将旌阳这个岁岁饥馑、野有饿莩的地方，治理得政良俗美，经济发展，社会安定。

当时旌阳一带疫病流行，许逊为民治病，药到病除，活人无数，因此被称为福主菩萨。不仅旌阳县，还有他的老家江西也纷纷建庙奉祀。迁移大集的江西人民建万寿宫，一是不忘故土，二是希望许真君给人们带来福祉。

2. 大集场村传统村落

相比传统文化资源逐渐消失的集镇老街，周边的村寨则是另一番景象。外省移民的大量涌入带来了先进的生产技术和生活经验，大集老街周围山地河谷之间，民居依山傍水沿路而建，传统建筑多以干栏式吊脚楼为主，房前屋后竹林、树林、梯田掩映，鸡犬相闻，传统的生活场景依然存在。

大集场村东南侧的河谷芭蕉沟，周边山地上星罗棋布地分布着大大小小的传统村寨与院落

从宣恩草把场至利川毛坝途经大集场村的古道沿线，山地河谷之间，依山傍水建有大量木构吊脚楼，而且保留有土家族原汁原味的风格，这一区域成为中国传统村落大集场村核心保护区域。

大集场村的吊脚楼群又以余家坪最为集中和经典，这是村庄的一个村民小组。吊脚楼群以芭蕉沟为中心散布，背山面谷，基本呈环形布局，主要包括醮雨台（杨家院子）吊脚楼群、黄家院子学堂屋吊脚楼群、连五丘吊脚楼群、老房子吊脚楼群以及其他零散传统建筑，与谷中梯田、四面山岭有机地融合在一起，形成"古脉相通"之势。

大集场村两处典型的吊脚楼组团醮雨台（左）与黄家院子学堂屋（右）以及周边山水格局

另外还有湾田、一阳坝、龙理山、"一把伞"等多处传统村落组团，传统建筑遗存相当丰富。

3. 醮雨台（杨家院子）吊脚楼群

醮雨台（杨家院子）吊脚楼群，位于大集场村余家坪组，因临近古时求雨、祈福、祭祀之地——求雨堡而得此名。建筑群落内以"三合水"撮箕口吊脚楼

醮雨台（杨家院子）吊脚楼群

居多，建筑群落空间关系巧妙，建筑风貌独特，历经风雨兴衰依然保存较为完善，且几乎所有的房屋至今仍被当地村民居住使用，有较高的保护和研究价值，同时兼具一定的资源价值。

4. 黄家院子学堂屋吊脚楼群

清康熙至乾隆年间杨、黄、吴、李等姓氏自贵州、江西等地迁居于此，开山造田，大兴土木，建成了现余家坪组杨家院子、黄家院子等独具特色的传统民居。居民房屋多为石基木柱结构的三合天井，并有木石门框双扇门、雕花窗、青瓦。

黄家院子学堂屋组团以黄氏祖屋黄家院子为中心存在，因其曾经作为私塾而得名，当地人称之为学堂屋。清末民初，当地秀才商幺弟曾在此教授四书五经，

黄家院子学堂屋吊脚楼群全景

其中黄氏子弟黄正凡考取贡生，黄登禄考取秀才。

黄家院子正房为"三合水"布局，右侧龛房外连三间木房，格局灵活多样，充分体现了土家族吊脚楼建筑布局的多样性与建造的灵活性。正房院坝右前留有清代"朝门"一处，具体建造年代难以考证，是当地少有的传统建筑遗存。

黄家院子学堂屋"朝门"与双重檐口的"龛子"

5. 连五丘吊脚楼群

连五丘因背靠五座连续的山丘而得名，也因山中葬有三座女尼墓而得名"三女排"。传统建筑布局呈"一"字形分布，建筑结构多为"一"字形和"钥匙头"结构，仅有一处"三合水"布局结构建筑。

连五丘吊脚楼

6. 老房子吊脚楼群

此地是"湖广填四川"时期杨、黄、吴、李等姓氏迁居大集的最初落脚点之一，因多个家族老宅在此处而被命名为"老房子",是典型的多姓杂居村落。传统建筑群由多处"三合水"与"钥匙头"院落组成。但由于年代久远,许多建筑采用现代材料进行修缮,虽建筑主体结构未变,却对建筑传统风貌造成或多或少的影响,需要在保护修缮中进行改造。

老房子吊脚楼群

四、大集场村非物质文化遗产

南剧,相传为清康熙年间土司供养的戏班所创剧目,盛行于恩施市、咸丰县等地,民间也叫"南戏"。南剧于2008年入选国家级非物质文化遗产代表性项目名录。

清末,大集川主庙(即贵州会馆忠烈宫)的道高和尚在每年六月二十四至七月中旬办庙会,请师到大集,教一班玩友唱戏,于1937年成立大集南剧团,年年开业唱戏,酬金由雇主付给。剧团自成立至1949年,演出活动频繁,演出节目有《四郎探母》《穆桂英挂帅》《大破天门阵》《太平桥》《夺三关》《陈世美》《崔氏逼嫁》《三气周瑜》《芦花荡》《开弓比武》《三娘教子》《白蛇传》等。1966年剧目逐渐减少，仅演出《智取威虎山》之类的剧，1975年起停演，改革开放之后才逐渐恢复。目前，大集只有祁世宇、黄柏书、周方龙、刘国政、周方念可以演出全本南剧剧目，其中周正军被公布为恩施州非物质文化遗产项目代表性传承人。

大集场村准备利用禹王宫旧址修建南剧剧场，一方面可以唤起民众对南剧的记忆和喜爱，拯救这一传统艺术，丰富乡村休闲娱乐生活；另一方面则为了能更好地进行保护与活态传承。

大集南戏

本节部分内容参考了贺孝贵主编的《历史恩施》及其文章《一地连四县，两街有三庙》（载于《恩施日报》2008年11月5日版、《文博之家》2009年第一期）。

走近

星斗山东南　高山有古村
——盛家坝镇麻茶沟村

麻茶沟村地处盛家坝镇北部,村委会距恩施市城区58千米,距乡政府7千米。村庄东与二官寨村接壤;西与下云坝村、咸丰县黄金洞乡相邻;南与安乐屯相接;西、北方向紧邻星斗山国家级自然保护区,西北角与星斗山主峰隔一条山谷相望;而正北方则是白果乡的金龙坝村。

该村是由麻茶沟、柏枝溪、坝竹园、何家坪与龙塘沟等村组合并而成的"大村"，面积近50平方千米，即便是在恩施市，也属于规模较大的行政村。全村人口905户3346人，下辖党支部1个，村民小组14个，党小组5个，党员110人，村委会、学校、医务室等公共服务机构设于龙塘沟。村庄共有耕地7151亩，其中水田2063亩，以种植烟叶、畜牧、木本药材、高山反季节蔬菜为主导产业。村内居民以土家族、汉族为主，户籍登记的土家族人口最多，汉族次之。（据麻茶沟村村委会2018年统计数据）

村庄位于云贵高原东北延伸部分、武陵山西北余脉的边缘地带。村域大部分区域位于施黔谷地西北、星斗山主脉两条平行谷岭之间的台地之上，西高东低，北高南低；最高海拔处1585米，为柏枝溪组背后山峰，最低海拔处840米，为村委会所在地龙塘沟。境内山水资源丰富，山地、峡谷、丘陵、山间台地与河谷交错。

一、麻茶沟村的地形地势

现在的麻茶沟村地形、海拔跨度很大，由东北—西南走向的两道平行岭谷为界，分为多阶台地。海拔跨度总体是一个从东南到西北慢慢爬升的过程——自临近安乐屯的龙塘沟开始，一直到最高处的柏枝溪，由海拔较低的施黔谷地边缘地带的丘陵一直延续到高海拔山地。

麻茶沟村的溪流是乌江支流阿蓬江的上游水源地之一。位于村中心的关口河，发源于坝竹园的"七股水"，"七股水"因崖壁上喷涌而出的七股清泉而得名。关口河是村庄的地标性河流，呈西北—东南走向，自西北向东南将村域一分为二。河流的"关口"是位于龙塘沟至坝竹园、何家坪之间落差近500米的深谷，最窄处两边的峡壁相距20余米，从谷底往上看，天如一线，沿河的古道至此如同经过一个"关口"。

但由于关口河只局限于星斗山主脉的东南坡，还未将流域扩展到山的另一侧，"七股水"背后的山形地势又过于险峻，使古道必须向两侧延伸而绕行，自然地将位于两侧平坦的高山槽地之中的几个村落联系在一起，同时，又连通了

走近

麻茶沟村三河夹两山的地势格局

麻茶沟村西南和东北沿河而进贯穿星斗山的两条古道（西南一条道沿咸丰毛坝的葫芦坝河穿越山脉后直达黄金洞乡的三县场、拓林溪；东北一条道则经二官寨村旧铺连接白果乡金龙坝村，两条古道最终在白果乡见天坝村汇合，直达利川）。这也就使麻茶沟村虽不是道路的要津关口，也能得到不少便利。而旧铺河与葫芦坝河作为村庄与其他行政区域的天然边界，与关口河一起使全村地势形成"三河夹两山"的基本格局。

二、麻茶沟村的传统村落遗存

麻茶沟村的历史可以追溯至明清时期，与明代戍边的军户和清代"改土归流"前后移民大量迁入有着直接联系。

明代，盛家坝是金峒土司和施州卫边地，属施州卫编户市廊里第七、八、九甲辖域，是施黔古道重要节点。明洪武年间，建屯开坝，形成各个军垦村寨。

清代之前，由于施黔古道沿线人口稀少，农垦区域仅限于道路沿线，距离道路较远的山地人烟稀少,大多未被开发。现在麻茶沟村紧邻的两个村——安乐屯、二官寨就曾经是军屯村落,在明朝末年,这两个村的人口已经形成一定的规模。当然这些村寨的起源可能更早,按照施黔两地之间驿道形成的时间与恩施市农垦区域的发展历史来看,早在宋代以前就可能有聚落。

20世纪60年代麻茶沟村民居的典型代表——罗家老屋(辛克靖 作)

施黔古道是湖广移民入川的重要通道,沿线两侧也吸纳了大量移民开垦。虽然麻茶沟村远离施黔古道主干道,处于崇山峻岭中,不利于生活和耕种,但由于海拔较低处土地肥沃的河谷地带已被早期到达的军户和移民占据,因此这一时代的外来者选择在此落业。

因此,麻茶沟村现有居民也多为清代的移民后裔,当然也有明代迁入的军户与当地土家族的家族延续至今。

清代来此的湖广移民以湖南人居多,麻茶沟村存有的飞山庙遗址就是湖南侗族移民所建,是湖南苗族、侗族等少数民族文化植入恩施市的最好证明之一。

广阔多变的地理环境塑造出了多个不同气质的古老村寨。由于地处深山,

走近

少有战乱与自然灾害的威胁，经过二三百年的发展，它们都已成为村中人丁兴旺的"大户人家"。众多村寨中，又以二高山处的柏枝溪、坝竹园与底山的小司沟最为经典，此外还有张家坪、何家坪、核桃园等多处古村寨与传统建筑组团的遗存，相关资源相当丰富。

1. 柏枝溪

柏枝溪是麻茶沟村中关口河上游源头之一，这里是麻茶沟村海拔最高的一个村民小组，村落中心海拔达 1261.4 米，处于高山地区。这里是恩施市郜氏家族聚居地。

"郜"姓是一个古老的姓氏，相传先祖是周文王第十一子褒郜。郜氏历代英贤辈出，故周有告子，曾称贤门高第，元有诗人郜知章。

据《郜氏族谱》记载，"（郜氏）洪武二年保洪武出山东，职司游击参将，乃落业江西瑞州府高县大桥头。已经数世，虽各方分支俱系一脉流传，异地迁移，悉皆散而无纪。惟我房于顺治年间,郜瑞、郜滚、郜悦同母四人迁贵州而至石阡府，自阡阳而居四方井，泛舟涉水，聚室成氏。迨后江西庠生郜文焕、贡生郜文中送谱至此被乱所失，以至各地字派不伴，原起都见一个，呼唤各枝，从来郜无二姓，江西合族难画叙，贵州分派又属多房，惟我祖郜时秋生郜以庸、郜以伦，郜时亮生郜以弘、郜以魁，以伦生安国、护国、俸国。俸国五子迁印江县（贵州）陈家沟二房于湖北北至溪（柏枝溪），房分过多，亲疏罔诚，奈后世之读书者少，遂并根本而忘之也。余郜永锡聊即其祖所传已所识以志之。是为序。郜其麟其子郜子纯、郜子臣，至此地已有 29 代，650 多年，迄今已有 82 户，351 口之众。"

柏枝溪村落靠山的地势

同鄂西南山中的大部分村寨一样，柏枝溪选址在一处高山坪坝的边缘地带

（资料来源：麻茶沟村邰氏族谱）

柏枝溪古寨背后是海拔 1585 米的猫壁梁，是星斗山主脉上的山峰之一。村寨位于一个群山环抱的半盆地形山谷之中，紧临峰下山溪而建，因溪边古柏众多，故命名为"柏枝溪"。

柏枝溪邰家大院建筑群落依山而坐，屋后是星斗山支脉群山，连绵起伏，共有阴坡高家湾山、张家坳山、观音山（杨岭子湾）、双尖山、猫壁梁山、水塘大梁山和大尖山七座山峰。当地人形容这里山水格局为：北有双狮俯卧，南有金牛蹲守，东有天马腾空巡逻，西有龙凤朝阳。

整个村落现拥有 40 余栋木制土家族风格吊脚楼建筑，占全村建筑总数的 95% 以上，建筑年龄多为 50 年以上，均为传统穿斗式木结构，传统工艺建造，其中不乏结构精巧、细节精美的经典之作；加之村落格局完整、环境优美，是土家族传统吊脚楼村落的经典案例之一。

远眺柏枝溪，整个村落处于古树与竹林遮挡之中，不能观其全貌。唯有耐心沿树影斑驳的小径走上一遭,才能发现群峰之下、林木之间隐逸着这样一座颇具规模的古村落。全村拥有40余座土家族风格的木制吊脚楼建筑,或三五成群,或闲散独居,散布在这个不起眼的山间平坝之中,且都有着独具特色的小地名:转堡朱家角、庙堡张家角、梨树堡卧荡子、青龙嘴寨子上、花鸡堡田坎上、茶堡湾里头、堡上等。(资料来源:麻茶沟村柏枝溪邰洪元口述)

柏枝溪传统建筑

柏枝溪传统建筑与古溪、农田以及四周遍布的树木与竹林相映成趣,如串珠相连,星星点缀。房前屋侧屋后梯田沃土种植的杂粮、蔬菜、果子原汁原味,非常绿色环保。古溪小河上有一座1996年修建的石拱桥,替代了原来的大木桥,水泥路基本贯通每个院子。

柏枝溪古村落民居建筑最大的特点就是与周边环境融合得恰到好处,传统民居之间距离相隔适宜,疏密有序,保证自家私密的同时又有着合适的邻里尺度,按照城市建设的标准,这是典型的"低密度住宅区"。最重要的是建筑之间密布的丛竹、古树、园田、池塘等多种朴素的乡土元素是一种难得的、特有的村居田园景观式的小环境,是当地百姓顺应自然在几百年的生产劳作之中慢慢形成的,在无形中完美表现了当地居民的生活智慧与审美。

柏枝溪古寨的村庄布局独具匠心,古寨房屋呈梯形走向,绕着小溪有序地排列着,溪水就在房檐屋脚下流淌,潺潺入耳。传统建筑保存最完整且最精致的是湾里头、寨子上和卧荡子。其中湾里头有座建于清顺治年间的一正两厢房吊脚楼，是柏枝溪最古老的传统木构建筑，这里曾经是学校，留存了很多精彩的故事。曾经的鄙家祠堂位于梨树堡，是一座宽七柱四、长七间、高两层的木楼，也是最大的木房，中华人民共和国成立后被当作保管室，做过学堂房舍，后来被卖掉拆毁，是一大损失。

柏枝溪古寨

柏枝溪村落的特点是传统民居之间距离相隔适宜，疏密有序，同时建筑又能够很好地融合于具有乡土特色的景观环境之中。

2. 坝竹园

坝竹园是麻茶沟村的一个村民小组，位于村域最西面关口河的西南侧的高山之上。这个村民小组紧邻咸丰县的葫芦坝村与巴溪坝村，与星斗山主峰隔河相望，是坝竹园侯氏、刘氏等家族的聚居地。

侯家是坝竹园的大家族，聚居在这里的一个山间坪坝之中。清乾隆年间，因（湖南）常德府地方水患成灾，常德澧州安福县侯应皇携家眷迁徙至施南府安乐屯，后又恐水患，迁往现何家坪。其子侯泽纯因兄弟分家不和，携家眷迁往广西，后不知所踪。次子侯泽远迁居此地，因为当时这里有漫山的毛竹，故命名为"大竹园"，也就是今天的坝竹园。侯家世居此地至此已有十一代。（资料来源：《侯氏族宗族谱书——坝竹园》）

坝竹园在麻茶沟村的位置

坝竹园的侯家院子是麻茶沟村的另外一个中心村，位于海拔约1200米的一处高山槽地，土地较为平缓，周边山势不高；坝中土地肥沃，良田百亩，是这

侯家屋场所在的高山槽地鸟瞰，这里是坝竹园组最大的一片平地

个村民小组中最大的一块"平地"。传统建筑群散落坪坝四面靠山处,也是一处典型的具有恩施市地方特色的民居聚落。

同样的传统建筑还有位于侯家屋场正北核桃园的刘家院子,居住着刘氏家族,是坝竹园另外一处较为完整的传统建筑遗存。

刘家屋场吊脚楼

刘家院子规模并不大,只有修建于不同时期的三栋木构建筑,最古老的一座是麻茶沟村现存最大的一栋传统建筑;而在过去,这仅是村中不起眼的一座"撮箕口"。麻茶沟村的传统建筑资源相当丰富,"四合五天井"类型的大体量传统民居遍布全村,除了山大人稀,不缺耕地,物产丰富外,另外一个原因就是优越的交通区位。

以坝竹园为例,自侯家院子出发,到达现在的咸丰县黄金洞景区仅有不到20千米、半小时的车程,而那里曾经是金峒土司的地盘。

明代以前的坝竹园有无人居住暂不可知，但大概率有古道经过。坝竹园西北侧的葫芦坝河是咸丰三县场与黄金洞之间的一条天然地理通道，也极有可能是古施州卫与施南土司诸部的天然边界，这是途经麻茶沟村的两条重要古盐道之一，另外一条则是沿着二官寨村旧铺河行进的那一条，它们都属于巴盐古道之川湘古盐道的一部分。麻茶沟村夹在这两条重要交通线路之间，旧时得其不少便利。丰富多样、规模出众的传统建筑遗存便是这段历史最好的证明之一。

坝竹园组核桃园现存的古道遗迹，可以下到葫芦坝河谷，这条线路始自咸丰县黄金洞乡巴西坝，经麻茶沟村坝竹园、核桃园西北的葫芦坝河谷一路到达利川三县场；再顺金龙河经拓林溪、白果乡金龙坝村与顺二官寨村旧铺河而行的古道交汇于流横塘村，然后向西北经见天坝村一路直至利川县城。沿线分布有不少传统民居院落与传统村落。

坝竹园组核桃园古道遗迹

3. 张家坪

张家坪位于坝竹园组，因最早居住的族群姓张而得名，在张姓家族家道中落后成为麻茶沟村杨氏家族聚集地。张家坪分上、中、下三坝，传统吊脚楼建筑遗存较多，占村落建筑的90%以上。

张家坪村地貌

麻茶沟村关口河的源头之一"黑塘七股水"便位于张家坪（另一源头是柏枝溪），其地形地貌结构中多石灰岩，土地较为贫瘠，部分地区有石漠化趋势。

天上高坪　云雾深处

——盛家坝镇车蓼坝村

车蓼坝村位于恩施市盛家坝镇东南，距乡政府8千米，是一个海拔较高、风景秀丽的村庄，现为盛家坝镇下属的一个行政村，辖4个村民小组。村域东临宣恩县晓关，西与中国传统村落大集场村隔冷水河相望，北与石栏村接壤，南与咸丰县交界。全村主要产业有烤烟、药材及畜牧业。年均烤烟种植面积达4000亩以上，另有药材基地2个（据车蓼坝村2018年统计数据）。

村庄全域位于冷水河东岸的高山之上，最高处天上坪—火烧岭—花椒山一线的山脉是恩施市与宣恩县的界山。村庄深居高山，云雾弥漫，风景迤逦，四季分明。村域平均海拔1000米以上,的相对平坦的高山丘陵地带，少有大起大落，与西北方向隔着施黔谷地相望，与位于星斗山—富尔山山脉一线的麻茶沟村地形相似。

一、车蓼坝村概貌

"车蓼"一词是土家族古语，有"水边"之意。由于紧邻着冷水河，车蓼坝村便成了真正意义上的"水边的村坝"。

冷水河属乌江水系，是乌江支流阿蓬江上游，是流经盛家坝一系列水系的

冷水河边车蓼坝村

注：冷水河是盛家坝人民的母亲河，其上游便是马鹿河、官渡河、旧铺河、小溪河等河流，河流干支系基本上遍布整个恩施市盛家坝镇，可谓联系着盛家坝镇各个村庄与集镇的脉络。

末端。冷水河及其上游的各个分段——马鹿河、官渡河、旧铺河以及支流的小溪河、关口河等，几乎覆盖盛家坝镇全域，可谓盛家坝的母亲河；其下游进入咸丰地界后为唐崖河，到重庆后被称为阿蓬江，直至龚滩古镇汇入乌江，号称"倒流三千八百里"（中国的河流多是自西向东流淌，冷水河是自东北向西南流淌，因此号称"倒流"）。车蓼坝段的冷水河是车蓼坝村与大集场村的界河，河水碧蓝，静水深流，与周围的高山、丘陵浑然一体，沿岸风景引人入胜。

车蓼坝村历史悠久，据传在汉代是古夜郎国边地，在之后的羁縻州时代以及土司时代，一直是中原王朝与西南少数民族区域的边地。明王朝建立后，盛家坝作为施州卫的前哨站与南边的大田千户所（位于今天咸丰县城）、东部的施南土司城仅有一山之隔，位于山顶槽地处的车蓼坝村相当于它们之间的一个"骑线制高点"，有着重要的军事意义。

最早迁入车蓼坝村的民众在时间、族群归属上都已无据可查。在这期间，车蓼坝村的归属也随着朝代的更迭而变动，被中原王朝与土司势力轮流控制。明代施黔大道改道盛家坝一线后，安乐屯百户所与山南侧的大田千户所互为犄角，它们之间的险要地方成为军屯寨堡驻守的重点地带。（明洪武年间，中央政府为了限制土司势力的扩张，在施黔古道沿线地势较低、土地肥沃的区域建屯开坝，迁"焦、刘、盛、王、陈、康、石、贺、杨"入，在此建立各个军垦村寨）

清代"湖广填四川"时期是车蓼坝村人口增加的时期，"改土归流"打破了地域的限制，也打破了不同民族之间的限制。车蓼坝村现有的居民中，田、王、冷、安四姓为人口最多的几个家族，其中田姓是有着土家族血统的土著大姓；王姓是明洪武年间迁入盛家坝的九姓军户之一；冷、安两姓都是"湖广填四川"时期的移民，冷姓祖籍贵州，安姓祖籍湖南常德。

清代"改土归流"后，利川毛坝至宣恩晓关、咸丰县城的民间大道途经大集场村、车蓼坝村，是恩施市南部"改流"区域的一条重要交通线路，也是第一次"川盐济楚"时期的一条重要盐运道路。

二、车蓼坝村的传统村寨

车蓼坝村与麻茶沟村一样，也是一个远离古代施黔古道与今天恩咸公路的村庄，连接恩咸公路的唯一的 065 乡道，是一条仅 6 米左右宽度的水泥路，近些年才完全修通至各个村组。这意味着这个村庄远离海拔较低、易于耕种的河谷地带，孤悬于高海拔山地之上。

车蓼坝村位于盛家坝东部的高山上，可以俯视整个施黔谷地。
盛家坝集镇、大集场、下云坝、安乐屯等村

久居高山、山势险要、交通不便，使车蓼坝村成为恩施市南乡传统村落与传统民居建筑最丰富的行政村之一，聚族而建的老村寨与古民居被大片保留。每个组团依据山势而建，海拔高低不一，或分布在山顶槽谷之中，或盘踞在山间台地之上，与巍峨的山势、葱郁的天然次生林、阡陌交错的农田有机地融合在一起，形成独特的人文景观。村庄格局分而不散、个性鲜明，是恩施市土家族传统村落的典范之一。

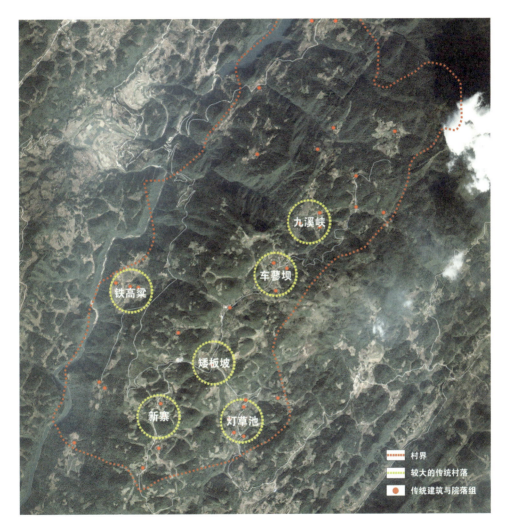

车蓼坝村传统村寨分布图

全村可以找到多于五处大的传统村寨遗存（建筑群多于15栋房屋），以及几十处散居山间的传统建筑单体或小组团（多于2栋房屋的小组团），约300栋吊脚楼，近八成村民居住其中。

1. 车蓼坝组寨子

车蓼坝组位于车蓼坝村的中心区域，也是最高的村寨之一，平均海拔1300米以上，处于山间槽地中。重要的是，这个山间槽地土地肥沃，周边的丘陵可以遮风避雨，是一个藏风聚气的富饶之地。因此，车蓼坝组所拥有的传统建筑数量最多，村落组团的规模也最大，是整体建筑年代最为悠久的村落组团。由于紧邻土家族吊脚楼木构技艺先进的宣恩和咸丰，这里建筑结构也最为精致成熟。

车蓼坝组鸟瞰图

车蓼坝组场地较为平整，构成了背靠青山，旁倚流水，间插农田的闲适村落之景。整个村落拥有30余栋土家族风格的木制吊脚楼建筑，这些建筑或独自成景，或相伴而立，建筑之间农田交错，旁边溪水潺潺，村落格局风貌保存完整。

车蓼坝组村寨中场景

2. 九溪峡宋家屋场

九溪峡位于车蓼坝组的北方,因村庄中部一个峡谷的九条溪流而得名。相对于车蓼坝组的平缓,九溪峡平底直落600余米,自东向西一直延伸到冷水河谷,成为河流的水气通道,因此常年云雾缭绕,犹如仙境。

峡谷靠近山顶的一段,是车蓼坝宋氏家族的聚居地,当地人称宋家屋场。宋氏族人沿着峡谷开辟了几百亩梯田,蔚为壮观。宋家屋场虽仅有十数栋建筑,但点缀在陡峻的梯田之中,颇有点睛之笔的画意。

九溪峡宋家屋场

3. 灯草池坝子

灯草池坝子是位于车蓼坝村村委会南侧的一处山间平坝,也是全村最大的一块坝子,地势相对平缓,海拔 1200 米左右,是车蓼坝村王氏家族的聚居地。

王氏家族定居车蓼坝村的时间较长,是最早在此开拓的家族之一,因此能够占据灯草池这一片"大坝子"。这里虽然海拔较高,但土地肥沃,耕地多,产出较为丰富;也是大集场村经过十二泉龙滨桥到宣恩晓关的必经之地。道路沿线的便利与王家几百年的勤劳经营,使得王家聚集了财富,成为当地有实力的名门大户。

整个灯草池传统吊脚楼数量较多,多依山面平坝而建,整体格局紧凑完整。其中以保长王绍为老宅建筑年龄最长、规模最大,据传有 200 年历史。剩余建筑的建造年代均不同,为传统穿斗式木结构,以传统工艺建造,施工技艺精湛,细节雕琢到位。

灯草池坝子鸟瞰

4. 铁高粱

铁高粱是车蓼坝村的一个村民小组，位于冷水河谷与车蓼坝村山顶之间的一处台地之上。据地名志记载，此处有一种植物，形似高粱，茎秆很硬，因此而得名。

铁高粱是整个车蓼坝村邻水最近的一个村民小组，平均海拔仅有800余米，与一河之隔的大集场村处同一高度，这也是整个施黔谷地的平均海拔。由于居住在此地的冷氏家族是"湖广填四川"时期才迁入的贵州移民，发展时间相对较短，因此传统村落的规模较小，仅有十余栋房屋依山面谷，分布在田亩之中。

铁高粱俯瞰图

铁高粱紧邻冷水河，是车蓼坝村最靠近河流的一个村组。这里海拔虽然不高，但气候却适合烟叶的生长，初春时节正值烟苗育种之际，地膜覆盖整齐的烟田遍布整个山坡，蔚为壮观。

5. 十二泉及龙滨桥

十二泉位于马鹿河下游水田槽一带，有十二泉眼出流，故名十二泉。清朝咸丰年间，当地富户田成亮、黄显银志行善事，出巨资在此处修建连接冷水河两岸的桥梁。"工匠数人，手工运作，开山凿石，肩挑背抬，奋斗六载未果。两人财力不济，遂邀公角。田黄诸子及陈、伍、尹、李、杨、刘等姓有识之士慷慨乐从，踊跃争先，解囊相助，成裘集腋，舍森为倚，齐心聚石，继建落成。桥俨蜃楼鲛宫之变幻，宛天孙云母遨游，命名为龙滨桥。"此桥为纯石料建筑，横跨十二泉东西两岸，净跨22米，长52.1米，宽5.6米，距河面19米，标高628.68米。西端有石梯30余级。桥顶两边安有压石两行，代替栏杆。自龙滨桥建成，行人过往，免涉水沉溺之患、倾舟之险。

龙滨桥落成后，清光绪三年（1877年）七月，田宅盂兰会为记惦先祖功德，

十二泉及龙滨桥

树碑四口，记载田黄二姓慷慨捐资修桥情况及捐资人芳名。龙滨桥顶风雨、冒霜雪至民国十五年（1926年），桥面石条部分倾颓锛缺。求寿信士田正奇发现后，独化锚铢，修补一次。现在这座桥因建设小河电站被水淹没，在枯水季节才能出现。

注：田成亮，生于1801年，卒于1862年，是清嘉庆施南府恩施县市廊里人，居车蓼坝黄家坪（现在的位置是湖北省恩施土家族苗族自治州恩施市盛家坝镇车蓼坝村黄家坪）。田成亮早年课耕课读，务农谋生。娶妻宋氏，生育五子二女。夫妻二人勤扒苦做，碌理农耕，精打细算，崇尚节俭，逐渐发迹，积累白银万余两。手握巨资，田成亮置田产数顷，跨当地的恩、宣、咸边界，成为当地赫赫有名的大户。田成亮晚年志行善事，仗义疏财，倾产做东，为宣咸民间大道十二泉河段修建龙滨桥。（资料来源：《盛家坝乡志卷》2011版）

芭蕉乡福地　山高处览胜

——芭蕉侗族乡南河村楸木园

楸木园是芭蕉侗族乡南河村的一个普通的小村寨，位于芭蕉集镇西侧的高山之上，因寨中曾经生长有一棵古花楸树而得名。楸木园历史上曾是土家族、侗族、苗族、汉族的杂居地，现为芭蕉乡南河村的一个村民小组。村寨地理坐标东经109°21′，北纬30°8′，现有81户人家，村民247人，耕地面积415亩，林地2508.1亩（据南河村村委会2018年数据统计）。由于山势高远，交通不便，整个村寨基本上还处于原生态状态，少有现代元素对传统风貌的破坏。

走近

这个小村落位于富尔山东坡，海拔 1100 米，处于二高山区域，寨后山峰最高处为 1482 米。森林覆盖面积广，物种丰富，是野生动物的乐园，也是天然的植物园。坡度较陡的高山地带虽易受到地质滑坡灾害影响，却无水旱灾害的袭扰，而且气候适宜，四季分明，土地肥沃，物产丰富，再加上临近芭蕉至白果乡见天坝村的古道沿线，物流便利，非常适合建村立寨，居住生活。

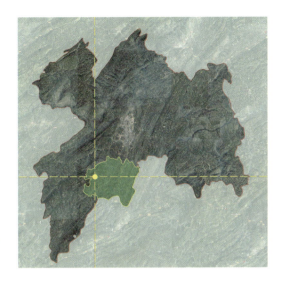

楸木园方位图

当地学者郑从本先生形容这里如同"未加丝毫修饰的俊俏村姑"，是"大自然的生态园"，是一块"深藏山中无人识，一旦遇知难别离的宝地"。

楸木园所处的地形地貌

一、楸木园历史

芭蕉集镇在历史上就是施黔古道沿线重镇,地势低,开发早。现居楸木园的陈氏家族是在"改土归流"时期迁入的。陈氏先祖为湖南常德武宁县高安庄人氏,据《陈氏家谱》记载:清乾隆年间,因常德府武陵县地方水患成灾,又逢朝廷"改土归流",陈琳长子陈国殿携妻杨氏迁徙到湖北施南府南乡芭蕉楸木园。因家宅东侧有一棵周长约五尺大的花楸树,而得小地名"花楸树梁子",后曰"楸木园"。按族谱中的辈分排序,从陈国殿的"国"字辈延续至如今的"章"字辈,陈氏已在此地繁衍了十二代,有240余年历史。在楸木园后山的"高尖上"半山坡,遗存有陈氏祖坟,葬陈国殿原配夫人杨氏。碑文上书"故显妣陈君杨母老孺人之墓 生于前清(清朝)乾隆癸酉年十月二十五 亡于清朝道光己丑年四月初七",由此可考证杨氏生于1753年,亡于1829年,终年76岁。

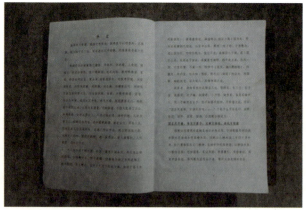

楸木园《陈氏族谱》

陈氏家族历史再早则可追溯至唐代,乃唐文宗年间迁居江西德安县车轿乡义门陈村的后裔。德安古时归九江管辖,九江古称江州,故又称江州义门陈氏。其始祖名陈尚质,生三子,名陈宣、陈琳、陈容。二子陈琳生五子,乃修谱立派,字曰："国正天星顺、官清民自安、妻贤夫祸少、子孝父心宽"便给五子各取名为国殿、国安、国华、国荣、国清。据传，因为此谱被皇家认为谱字不妥，牵涉太广，说义门陈氏"只能塞满天下，而不能坐天下。"陈国殿又重新将其修定为"国正天开泰、春光万景华、文章方绍祖、诗礼可传家。（资料来源：楸木园《陈氏族谱》）

二、楸木园的传统村寨与古道

陈氏祖先将村址选于高山之巅，看似远离河流，交通不便，却颇有智慧。首先，村南山脊之后不远之处便是芭蕉镇至利川的古道，物流通达，商品交易便利，使经商成为家族重要的收入来源；其次农田多在距离山脊线下距离较远处，依山就势开垦，不论雨季排水还是旱季引暗河水浇灌均较便利；最后，村落选址居高临下，周围森林覆盖率高，环境优越，四季分明。其选址精妙，远离官道，少兵祸，又有利防守，是难得的聚族而居的理想之地。

从芭蕉集镇前往半山的楸木园，要经历六七千米爬坡的路程，翻过山顶到达山的另一边就更远了。过去未通公路的时候，商道上人背马驮，需要舍得一番气力，即使是现在方便不少，行车也需要拐上 30 多道大弯。

车行道沿着两座山脊间的沟谷修建，沿途开垦着近 800 亩的农田。楸木园历史上曾经多次发生垮山（山体滑坡）、泥石流等自然灾害，山上垮塌下来的各种物质填满整个山沟。经过当地百姓长年累月的改造经营，楸木园现在形成一层层易于耕种的梯田，根据不同的高差、地形和土质而种植的不同作物，以农业合作社的形式管理经营着。

道路的尽头就是楸木园古寨。发源自湖南的陈氏家族有着侗族的基因，先祖采用当地传统工艺结合侗族的风格修造了穿斗式木构民居，在靠近山顶处直线距离几百米的两座平行山脊线上形成两片吊脚楼群落，历史都在百年以上。

楸木园传统建筑分布图

最大的一片建筑群被当地人称为"陈家院子",也叫陈氏老屋场,是楸木园村寨的中心区域,也是这片古民居建筑群的精华所在。除了一座近年修建的砖混结构建筑外,均为纯木质结构吊脚楼,共有十余栋房屋,最古老的房屋房龄已有百年历史。另一个建筑群规模较小,当地人称作新屋院子,仅有四座木质民居建筑,是陈氏后人分家后另立门户所建,曾有18户人家,现在仅剩9户。

楸木园村寨环境全景图

走近

　　陈氏老屋场是规模最大、历史最久远的建筑组团，也是楸木园古寨的精华区域。大院子由木构青瓦民居建筑组成，大小房屋9栋、有近50间房。主体建筑由主屋陈家大院的两座"钥匙头"建筑与正前方的"十三间房"不规则围成长方形四合院，院中场坝有1200余平方米。加上院子周边完好的6栋单栋吊脚楼，共同组成**陈氏老屋场**。

陈氏老屋场格局

1. 陈氏老屋场之陈家大院

　　陈氏老屋场主屋陈家大院主屋形制为八柱七骑的"钥匙头"。从严格意义上讲，陈家大院是一个当地俗称"撮箕口"的"三合水"结构住宅，形式上的四合院布局，仅仅是一种聚居习惯的简单围合，将院中场坝围成长方形四合院。

陈家大院俯瞰

　　陈家院子正屋6间，中间堂屋为待客场所，正堂设有神龛，供奉陈氏先祖，上书有"天地君亲师位"字样，放有香炉。其两旁为住房及火塘（坑），火塘为土家族居民的传统社交空间，是烤火取暖、烧罐罐茶、煮鼎罐饭的最佳场所，也可用作制作烧红苕、洋芋、苞谷（即玉米）粑粑等传统美食。

陈家大院子的堂屋与火塘屋

厢房多为半架空的龛房,有"走马转角回廊""丝檐""板凳挑"等土家族特色的建筑元素,古朴而且精致美观。龛房楼上大多为住房,楼下多为牛栏猪圈,或用作堆放生产器具、柴禾等杂物。屋顶盖小青瓦,四角飞檐翘角,屋脊中间用瓦片垒成"二龙抢宝""双凤朝阳""鹤鹰展翅"等象征吉祥的图案,两头多用瓦片提成翘角,颇具民族特色。

陈家大院龛房与正房外廊

2. 陈氏老屋场之十三间长房

陈家大院前的十三间长房是村落里最古老的民居,部分房龄甚至超过陈家大屋。由连续四座三间一字型穿斗式木结构建筑排列而成,再加上加建部分一间,正好有十三间,故称"十三间长房"。建筑主体结构为"四柱三骑"排扇,层数为"一层半",一层为居住空间,阁楼部分多用于储物。正立面外墙"退一柱"形成外廊,连续近40米长的大进深外廊的连续空间可遮阳避雨,增进家族成员之间联系的同时,也为晾晒粮食、衣物,创造了绝佳的空间。

3.陈氏老屋场之小三合院子

小三合院子是典型的"撮箕口",依地势而建,内部空间丰富,主体结构为六柱五骑,该建筑算是村中吊脚楼建筑中的经典——正房三间位于平地,两侧龛房架空出挑,室内空间格局完整、组织灵活。传统家具、厨具、生产工具均有留存。

小三合院子

4.恩施市最完整的一处古道遗迹

楸木园后山有一条130多年历史的川鄂古盐道过境。这是恩施市境内一条南北向的川鄂古盐道,从施南府出发,由板桥进山,经寒婆岭,爬九拐子到小红岩,登千步梯穿茅坝槽,穿两河口、清水洞入利川境地,直达四川。楸木园段为石制青石板铺制的"三尺骡马道",最险峻处从上往下约有1200多步,保存完好,可直达富尔山林区。

楸木园后山的三尺骡马道遗迹

三、楸木园自然风光

楸木园除了原生态的古吊脚楼群落十分特别之外，同时也是一个庞大的自然文化遗产博物馆。

楸木园处于泥石流的遗址地带。民国二十一年（1932年）农历六月初七，原耸立在洪岩观古道旁的两根20多米高的石笋倒了一根。沿石笋向南约六百米长的一段岩石山体也往山沟下滑，倒碎的石笋伴随着其他山石缓缓下移，树木随着泥石滑落翻滚。大约300米宽的泥石流一直流到五里外的崔家河坝，流速慢，持续流了半月之久，填满了一条深约100米、宽约300米、长约2000米的峡沟。满山巨石耸立重叠，山泉奔流，山体的变化诞生出"垮山"。

现在人们称之为"垮山"的地方，位于富尔山边，长达数百米的刀削斧劈的山崖面向东方巍巍而立。由于垮山，记载修千步梯的功德碑暴露出来，这两块经过打磨光滑的功德碑，在阳光照射下像月亮一样发出了亮光，人们便称之为"亮碑"。碑块向东朝阳，在阳光的照射下发出反光，传说在宣恩县洗脸盆里有它的影子，传说在湖南都看得见石碑闪闪发亮。在亮碑处可远眺无数山峰如波涛浩荡般壮观。

楸木园垮山遗迹　　　　　　　　楸木园自然风光

从"亮碑"处再登三十步石梯,在坎下有一柱雄伟耸立的石笋。所谓"石笋",就是突兀地面的高大石柱,这是发生泥石流后剩下的一柱。石笋有16多米高,沿其若干道裂缝可攀爬到顶部,顶上有约25平方米宽,呈正方形的平地上全被小石笋林覆盖,也算是一处奇景。柱底根部呈长方形,周长约34米。石笋周边大约有10000平方米的由巨石细竹、奇花异木所组成的景点,让游人倍感新鲜、刺激。山壁下巨石累累的泥石流地带经过多年改造,在遗址上已形成良田与村落。在0.25平方千米的山坡上,仍随处可见布满在山凹处的巨石。

楸木园同时还是古生物化石区,山林里、耕地中、大路边布满三叶虫、螺丝、蚌壳等几亿年前古生物形成的化石,昆虫的形态清晰醒目。

楸木园发现的古生物化石

四、楸木园民俗

楸木园地处高山，古老的习俗得以保存。陈氏家族每年冬天腊月间杀年猪时要点香烧纸祭奠，以示对生灵的尊重；同时还要宴请周围邻居吃庖汤（土家杀猪菜），体现出山里人家的热情豪爽、和气大方。年前必须打扫屋前屋后，在室内扫扬尘，并打糍粑、烙豆皮、煮醪糟，整个院子的人和周围邻居都相互帮忙，院子里劳动声与欢笑声融合，甚是热闹。

杀年猪与"庖汤"宴

大年三十，置办祭品，用木盆端着煮熟的猪头肉、猪尾、糍粑、豆腐、苞谷酒等，到太山庙去敬祖先，再去土地庙，之后回家敬猪栏牛圈、灶神、家神，然后在桌上搁筷，桌下烧纸，请先祖飨食祭品后方能上桌吃团年饭。

正月初一不出门，正月初二拜家门，也就是给自己族人拜年，体现出陈氏家族的团结和晚辈对老辈的孝敬。初三初四带着礼品出门给远处的族人、亲戚拜年。正月十五元宵节的傍晚送"路烛"，屋前、场坝边、田埂上挨着插上许多蜡烛，将山村之夜勾勒成一幅美丽的夜光线条图画。

除了春节期间的仪礼习俗之外，楸木园在立春、清明、端午等时节也有其特色的民俗活动。

立春之后的五戊之前就过社节，做社饭。过社节最隆重的便是"拦社"，"拦社"时，山村荒野凡有满三年的坟墓处，便闻唢呐、锣鼓喧天，鞭炮轰响，坟墓四周围上红布祭帐，坟堆上插满五颜六色的旗锣鼓伞等祭品，甚是隆重。

而清明节又是一番景象。楸木园四周的山坡坟堆上插满白纸条，这是用线钻在皮纸上打成花样的"青"，亲人们在坟前点香烧纸、作揖磕头，这就是土家人称的"挂青"，表示对逝者的悼念。

端午节时，未婚男到对象家"打端午"，男方带的礼品是送给女方的新衣或新布。女方打发的礼品多是草帽、扇子或女方自己用爱心情意做的布鞋。五月初五为小端午，十五为大端午，二十五为末端午。这段时间农户会在周边山上打粽叶包粽子，自尝美味或屋场相互馈赠同尝。同时家家户户门枋上要挂一束青蒿草，用于驱邪除妖，保护家庭平安。他们也用青蒿熬水洗澡祛风止痒。

六月六晒龙袍和尝新节。每逢农历六月初六，只要是晴天，各家各户在各自场坝、吊脚楼丝檐上晾晒衣袍，满目都是五颜六色，这也是一道亮丽风景。这一天也是尝新节，有"六月六，禾早熟"的民谚，土家人把刚成熟的苞谷等农产品做成粑粑、汤圆等，伴以肉类供奉祖先，接亲友尝新。

农历七月十二过月半节，土家人称"年小月半大"，可见其过月半节的隆重，这段日子是亲友团聚共叙佳话之时。人们一般在前几天就作准备，赶场日，芭蕉集镇上人山人海，打酒称肉的人挤得水泄不通。月半这天被接来的女儿、女婿，还有亲友们，背着满载着礼品或小孩的背篓蜂拥而至。寨子里的欢笑声和灶屋里传出的香味一阵阵地飘向绿色的山林。村民在欢乐中也绝不会忘记给亡人燃香、烧纸、叫饭，以示祭奠。

陈氏劳动也有其特色，平常做薅草、挑抬等农活时喜欢敞开嗓门对着大山吼上几句山歌，或喊起一人领唱众人合的劳动号子。农忙时，也经常相互换工，人多时也请人打薅草锣鼓、唱薅草山歌，自娱自乐，干活更来劲。

走近

恩施西大门　古镇见天坝
——白果乡见天坝村

见天坝村是恩施市城西的一个老集镇，古时是连接利川的"施利大道"沿线重镇，明清时代由于紧邻利川的忠孝安抚司，也是施州卫的守备要地，号称是恩施市的西大门。由于重要的交通价值，这里很早便形成集镇，中华人民共和国成立后因为道路的通达而兴盛一时，又因交通区位的改变而变得风光不再，逐渐没落。

附注:忠孝安抚司,本蛮地。宋为羁縻西高州地。元置大奴管勾等峒长官司。元至正十一年(1351年)改为忠孝军民府,元至正十五年(1355年)又更为忠孝军民安抚司。明玉珍时,改为宣抚司。(清·顾祖禹《读史方舆纪要》)

一、见天坝村概貌

见天坝村位于恩施市城区西偏南52.5千米处,位于白果乡西部,现在是白果乡下属的一个行政村。见天坝村是2012年将周边水田坝、小河、林家沟等村并入后形成的"大村",村委会驻地位于老街上,距白果坝集镇34千米。村域面积达37.77平方千米,西与利川市毛坝乡清水村相接,东邻本乡两河口村,南连金龙坝村,北接油竹坪村。全村耕地面积4781亩,主导特色产业有茶叶、魔芋、生漆、楠竹等。(据见天坝村村委会2018年统计数据)

见天坝村位于大娄山山脉与巫山山脉的结合部、星斗山北坡缓冲地带,属喀斯特地貌,多丘陵台地,平均海拔950米。村域整体地形格局为两山两岔夹三河。

见天坝村全域图

两座大山一座为南岩山，一座为北岩山，夹两匹山坳，一曰大坳，在村南，介于东向坪和大坪之间，东向坪在大坳东边，一望缓坡平土正朝东方，从坳顶直铺到坡底河边，乃依其方向命名为"东向坪"，大坪在大坳西边，地势平整，微显坡势，据传先人来此占地，觅得一眼泉水，四周广阔平坦，遂称之大坪。两坪皆为肥沃疏松黄土，土质良好。另一大坳名曰凉风坳，在村北部。此坳将水田坝村与见天坝村隔开，二坝皆系水田。不同点在于水田坝村即因水田多而得其名；见天坝村的水田有两个集中区，一在杉木孔，一在小河湾。杉木孔的水田和小河湾的水田因山形而呈两岔状，如"Y"字。两岔各有一条小河，一曰小河，一曰张家湾河（在杉木孔岔），用于灌溉两岔水田；水田坝水田由林家沟河水灌溉。三条河流水量充足，最终在离开见天坝村时形成渡口河，滋养了见天坝村的众多农田，也构成了清江支流车坝河的上游源头。渡口河沿河古道由白果乡两河口村北上，经过屯堡乡的中国传统村落双龙村雾树吼组，最终到达清江。

二、古往今来见天坝

旧时见天坝村地处施利古道（恩施市与利川市之间的古道）沿线，因此地森林茂密，来往商贾、行人行走于南北山峰之间，古树参天，遮天蔽日，只能从坝中抬头看见一小块天空，故名曰见天坝。

老集场始建于明末清初，清雍正年间"改土归流"之后随着施利大道商业的繁荣而兴盛起来，逐渐形成集镇。清道光版《施南府志》记载的恩施市西乡集场有四：白果坝、两河口、见天坝与拓林溪。见天坝村是恩施市的西大门，施（恩施市）、利（利川市）边界重要的商贸与交通节点。集场往东有石板大路经两河口直达白果集镇直至恩施县城，另一条路由两河口向东南到达盛家坝桅杆堡，经庆阳坝到达宣恩；向西四里便是利川毛坝，古道直抵利川县城，并可由此去重庆、四川，自古便是重要的入蜀通道；朝南则有古道经过金龙坝村、二官寨村旧铺连接施黔古道进而直达咸丰。

老街头上的金钱松是见天坝集镇的社树

见天坝村大部分居民祖籍是"湖广填四川"时期迁入,原住此地的李姓家族已慢慢迁离。虽然不能排除这个姓氏有土家族血统(李姓是土家族大姓),但后来随着集镇的建设,这段历史也已经慢慢消逝。

清代施利大道贯通后,逐渐在此形成集市,每逢农历初二、初五、初八的赶场日,商贾云集,十分热闹。见天坝集镇路口枫香河上桂花桥,见证了当地商业、文化的繁荣。

桂花桥建于清嘉庆年间,建造样式为河中间砌石墩,两头各搭三块石板至两岸,长六米,宽两米,结构简单,朴素别致。据说桥建成当日,按照当地风俗要让新嫁娘踩桥命名。首个踩桥的新嫁娘名桂花,是当地才女,在桥上来回两趟后便唱出:"新人踩新桥,新桥万年牢。我为桂花女,桥名桂花桥。"此桥遂被命名为"桂花桥"。桥头修建的茶社是当地人饮茶作对、谈天摆古的休息场所，有人见桥上生有野荞，河中白鹤戏水，便对出了"桂花桥，桥上荞，风吹荞摇桥不摇；枫香河，河中鹤，浪打鹤飞河不飞"的绝对，被人们广为传颂，并镌刻成石碑立于桥头。

民国时期见天坝村已发展成为恩施市西南乡最大的乡村集镇，国民政府在见天坝村设立乡政府，建制为见天乡，辖十一保。中华人民共和国成立初期，这里仍为恩施县第十三区所属乡公所驻地。

1955年恩（施）万（重庆万县）公路修通，即老318国道恩施—利川段，公路从老街不远处火石溪畔桂花桥边通过。政府机构的设置及公路的修建，促进了见天坝集镇进一步的繁荣发达，鼎盛之时街道长达300余米，大多为木结构房屋、青石铺路、条石街沿，沿河房屋皆为土家吊脚楼，古朴壮观，成为恩施县西部边境最负盛名的乡村集镇。后由于318国道改线清江，走屯堡进入利川，曾经兴盛的集镇，商业功能逐渐淡去，集镇逐渐没落。遍地的森林也仅余老街头的一颗金钱松古树，见证了见天坝集镇的历史与繁荣。

附注　见天坝村建制沿革

见天坝村建制沿革的明确记载可追溯到清同治三年（1864年），是时承袭晚清建制，行保甲制。据同治三年修《恩施县志 卷之二 建置志 里甲》载："（见天坝即）五甲，离城五十里，周八十里。东抵凉水井，南抵七甲桅杆堡，西抵利川县界，北抵四甲野鸡滩。甲长二十四名，牌头二百四十名。"先是甲设乡约，后废乡约为联保。

1937年废联保，设乡镇，见天坝建制为见天乡，辖十一保，为：沙坝、两河口、乌池坝、二屯、油竹坪、水田坝、见天坝、东向坪、流横塘、石院坝、乌池孔。乡公所驻地在两河口岩洞里，属恩施县第三区南乡芭蕉区管辖。民国三十年（1941年），岩洞被流横塘的刘关翠、谭兴阶、武金学、武金汉、武金峰、武金余等100多人烧毁，乡公所遂迁至见天坝上关庙。

直至1950年，见天乡仍属芭蕉区管辖。

1951年见天乡划归桅杆区管辖。

1953年白果建制为13区,见天乡归白果区管辖,仍为见天乡,延至1957年。

1956年建立乡政权,第一任党支部书记黄仁江,第一任乡长岳祖伦,此前乡政权暂由农会代替,是时农会主席有王生财、张启明、石永见等人。

1958年白果区为红星人民公社,见天乡为第十大队。

1959年改为见天管理区至1960年。

1961年至1974年红星人民公社复为白果区,见天为见天人民公社。

1975年至1983年白果区为白果公社,见天为见天管理区。

1984年至1996年为见天乡。

1997年至2001年合并到两河口管理区。

2001年8月至2002年9月为见天办事处。

2002年9月为见天村。自中华人民共和国成立后建立乡政权以来,见天所辖范围为东向坪、水田坝、见天坝,至今未改变,驻地一直为见天坝。

(资料来源:《恩施市乡镇街道志丛书·白果乡志卷》)

三、见天坝村的古村寨

见天坝老街像许多老街一样,随着时间的流逝已经辉煌不再。古韵十足的街道也已经被现代化的新式住宅分解得支离破碎,风貌不再,遗留下来的仅有在纸面上和传说之中的历史故事。见天坝村水田坝组之所以入选中国传统村落名录,除了这些悠久的历史,最重要的是周边山地之中还保存着大量的古寨与老宅,道路沿线商业中心的改变暂时没有影响到周围山地上的传统聚落。

清代"湖广填四川"之后,见天坝村为土家族、侗族、汉族等多民族的杂居地,集镇周边众多的山坳与大坪土质肥沃,养活了大量的人口,也供养了更多的村寨。

见天坝村的老寨子规模并不大,民居多呈现出三五成群散布的格局,以水田坝、小河、林家沟等有河流水系的地方数量最多,又以小河组与水田坝的牛场坪最为集中,规模较大。规模虽然不如那些拥有上百栋木构建筑的古寨,但也是一个家族迁徙、定居、兴业、繁衍异乡的最好见证。

1. 小河组吊脚楼群

见天坝村小河组位于见天坝村村委会东北的山谷之中,是见天坝村下辖的一个自然村组。小河组平均海拔1000米以上,位于高山谷地,盆地地形,土地肥沃,坡势平缓,溪流从峡谷中迤逦而下,山坡梯田阡陌纵横,适于生产生活,故为农耕时代百姓安居乐业之地。

小河传统民居主要由两部分组成:姚家河姚家寨子传统建筑群与枫木岭杨家寨子传统建筑群,它们分别是"姚""杨"两个家族的聚居地。这两个家族均是清代"湖广填四川"时落业此地。清乾隆年间,湖南常德遇水涝灾害,姚家始祖入川谋生,在见天坝村北岩山火石头溪下安家落户,后迁至垭护龙沟边山溪处立宅。次年杨家自常德迁入,繁衍至今。

姚家河地势较低,位于河谷,以四合天井姚家大院为中心聚集了十栋左右的土家族吊脚楼建筑,住宅相对集中,密度较大,一条溪流穿村而过。枫木岭位于东南方向山坡之上,十余栋民居散布梯田林地之中,相对较分散,建筑密度较小,却也不缺乏吊脚楼经典之作。

小河组姚家院子位于一处溪流汇聚的山谷之中

两个建筑组团分布样式各有特点，但都可以说是深受土家族文化影响的传统聚落格局类型——与环境融合得极为和谐。村落传统建筑保存完好，几乎没有使用现代建筑材料，姚家大院更是规模少有的四合天井土家族传统建筑，极具保护价值。

姚家大院

姚家大院已有200余年历史，是见天坝村姚氏家族祖屋。建筑坐东北朝西南，四合天井布局，规模较大。四面围合各有三间，四角有耳房，伞把柱。一进正房左侧有龛房吊脚楼，正房架空处原为朝门石阶，后为方便车辆通行拆毁。

2. 牛场坪吊脚楼群

水田坝最具代表性的传统村落组团位于北岩山上的牛场坪。牛场坪吊脚楼群始建于清朝中期，是白果"黄""蒲"两姓聚族而居之地。村庄选址恩施市山区常见的山间坪坝之中,建筑群坐南面北,由黄家院子与蒲家院子两个传统建筑组团构成。

见天坝村主要姓氏为"黄""蒲"两姓,多是"湖广填四川"时由湖南迁入,以北岩山山中坪坝牛场坪最为集中。以中间的沟槽为界,左为黄家院子,右为蒲家院子,共有30余户人家136口人。(见天坝村村委会2018年数据统计)

黄、蒲二姓迁居于此,大兴土木,建成了牛场独具特色的传统民居。房屋均为石基木柱结构的吊脚楼,有木石门框双扇门、雕花窗、青瓦。

二十世纪八九十年代,黄家族人相对富有,陆续翻新房屋。不同于土家族传统建筑,新屋多为二层外廊贯通性木建筑。由于此地接近宣恩—利川古道,恩施—利川古道两条古道,易接触新型文化与建筑样式,再加上本地百姓多

牛场坪黄氏兄弟吊脚楼

黄化见、黄化绪兄弟宅(上图左)与楼黄昌、黄振兄弟宅(上图右),是牛场坪传统建筑的代表,也是那个时代新民居建筑样式的代表案例。

为湖南迁入的侗族移民,受其他民族吊脚楼建造样式影响,所建民居多为木制二层多间、外廊贯通"一"字形结构,且体量较大,是那一个时代新民居建筑样式的代表案例。

林家沟永兴桥

永兴桥是恩施市现存为数不多的风雨桥之一,位于见天坝村水田坝组林家沟,建于1916年(主梁上仍书有捐建人姓名与建造时间"民国四年乙卯三月廿一日")。桥长三丈,四榀排扇三间,两面围合,现保存完好,照常为村民使用。

四、重要历史人物

童继盛,男,1923年9月11日(农历八月初一)生于见天坝大坝子白果树院子,是年大旱,因此取字希天。1944年3月入中央陆军军官学校成都本校学习,1946年12月毕业。黄埔军校第二十期陆军军官学员,后参加国民党军,系国民党军骑兵独立大队第一中队骑兵连连长。先后参加过辽沈战役的锦州会战、济南战役等。1948年底在淮海战役中投诚中国人民解放军。

蒲泽滨,男,又名蒲心大,1928年6月1日出生于见天坝牛场坪。1948年6月参加中国人民解放军,在华东野战军后勤部汽车团当学员和车务员。1949年4月加入中国共产党,1950年以后历任西北野战军后勤部汽车一团排长、连副政治指导员、总后青藏办事处汽车一团连政治指导员、团政治处宣传股长、政治处副主任。1967年在国务院联合接待站工作，后在青海柴达木运输公司、陕西省革委会生产组工作，并任陕西省革委会生产组政治部宣传组组长。1973年到陕西省计划委员会工作，先后任政治处副处长、正处级咨询员。1990年8月离休。1998年8月7日在西安逝世，享年71岁。

童中军，又名童继云，汉族，湖北恩施县白果区见天乡人，1928年6月16日出生。1949年参加工作，同年10月在湖北省恩施军政干校学习，毕业后先后在恩施军分区干部轮训队、湖北独立8团3营、41军124军370团一连任教员。1955年1月加入中国共产党，同年6月转业到地方工作，在湖北省干部学校任教员。1956年1月调中共襄阳地委党校工作，历任中共襄阳地委党校文化教研室副主任、副校长。1979年10月调襄阳地区教育局任副局长、党委副书记，襄阳地区教育局局长、党组书记。1985年11月调市委党校任党委书记。1987年4月调教育委员会任巡视员。

（资料来源：《恩施市乡镇街道志丛书·白果乡志卷》）

五、重要历史事件

1933年9月贺龙率部来此，经鹿池过金龙坝村；翌年9月率百人，夜宿林家沟，第二天赴杉木孔捉拿恶霸林有良，林有良逃遁。贺龙所率队伍经枫香河而去，无复再至。

1949年6月，一支百余人的国民党溃兵逃至吴家岩一带，以为此地有险可守，于是修筑工事，妄图与解放军顽抗。9月16日，解放军空军临空，散下传单，溃军见之而逃遁。

（资料来源：《恩施市乡镇街道志丛书·白果乡志卷》）

三县精粹处　古寨金龙坝
——白果乡金龙坝村

金龙坝村位于恩施市白果乡西南部，东经 109°07'39" 至 109°14'13"，北纬 30°02'47" 至 30°07'53"。地处恩施市、利川市、咸丰县三地交界之处，距恩施市区 64 千米，西与利川三县场接壤，东南与恩施市盛家坝镇交接，北与白果乡见天坝村相邻。地域版图总体呈三角形，平均海拔约 900 米。下辖 9 个村民小组，931 户，3267 人，为汉族、土家族、苗族、侗族杂居地，其中土家族人口占

44.9%。全村东西宽 8.8 千米，南北长 9.5 千米，面积 45.54 平方千米，是一个较大的行政村。（金龙坝村村委会 2018 年统计数据）

金龙坝村是恩施市第一批列入中国传统村落名录的村落，位于星斗山国家级自然保护区的中心，远离尘嚣。这里自然生态绝美，有着鄂西林海的标志性植物古杉树群。水杉、珙桐、坝漆、獐、麂等珍稀动植物资源丰富。

金龙坝村保存了相对完整的历史遗存，同时保存了大量的历史文化信息，体现了较高的文化水准，展现了该区域传统村落较高的历史价值、艺术价值和科学价值。

一、金龙坝村概述

金龙坝村偏处恩施市西南群山一隅，位于星斗山国家级自然保护区核心区域。村中心的金龙河是乌江水系阿蓬江的上游水源之一，发源于星斗山主峰西北坡的三县场，自西南向东北流经金龙坝村境内 8.2 千米，从一个叫流横塘的地方转向东南，过洞垮到达二官寨村的旧铺，并在官渡河与小溪河相遇，最终汇入盛家坝的母亲河——马鹿河，沿途也是旧时川湘古盐道的一条经典路线。

金龙河流经的河谷区域是村庄最低区域，也是金龙坝中国传统村落的核心区域，处于一条狭长形的山间冲击盆地中。042 乡道沿金龙河一直到达位于星斗山国家级自然保护区核心区的三县场（咸丰县境内），是恩施市通往保护区腹地的主要通路，也是古时白果乡两河口村经金龙坝村到达咸丰县三县场，继而前往利川毛坝与咸丰黄金洞的重要道路。

金龙坝村传统建筑以民居为主，以吊脚楼为主的土家族建筑艺术在这里得到淋漓尽致的表现，土家族吊脚楼的大部分建筑样式均可以在此处找到。村中许多木质吊脚楼已有约百年历史，大部分恩施市土家族风格的木构建筑样式，基本可以在此处找到。历史上由于受地理、气候、交通和生活习惯等各种因素的影响，木建筑成为该地民居形式的最佳选择。一是这里植被良好，适宜建造吊脚楼的杉木等材料较多；二是这里气候温润多雨，建造吊脚楼便于防潮通风，居住其间冬暖夏凉;三是金龙坝村长期交通不便,其他建筑材料难以进入,所以一直少有其他形式的建筑材料。

全村共有土家族风格木结构吊脚楼群落近百个,500余栋,近七成村民居住其中,并有原生态的山歌可让闻者如痴如醉。此外,引人入胜的民间故事和野史趣闻数不胜数,星斗山寺遗址、宫廷编钟、红军驻地遗址等文物古迹使其历史文化底蕴愈加厚重。

在20世纪80年代以前,全村所有民居均为木瓦结构,吊脚楼占民居总数的60%以上,此后由于进村公路修通,吊脚楼群遭到了不同程度的破坏。部分村民在扩建房屋时,改以砖混结构,导致其他建筑样式夹杂其间,与吊脚楼群极不协调,靠近通村公路的流横塘组、金龙坝组尤甚。另外,吊脚楼群中部分村民举家外迁,吊脚楼腐朽严重。如龙潭堡组陈家大院,10年以前有9户常住户,现在只有3户,数栋木建筑腐朽严重。10余年来,全村因举家外迁变卖拆除或自然腐朽的吊脚楼达百余栋。因部分村民防火意识淡薄和农村消防设施落后等原因,失火烧毁的吊脚楼近些年也有出现。此外,由于吊脚楼建造工匠逐渐老去,部分建造技术已逐渐失传,金龙坝村著名的两套吊脚楼建造班子陈家班子和张家班子的掌墨师都已所剩不多,而且"上梁歌"等建造祭祀习俗,现在更是少有知晓。

金龙坝村有人活动的历史可溯至汉代,亦有魏晋南北朝崖葬岩棺发现。(注:1989年2月22日在白果区金龙坝村一山洞发现甬钟、壶等八件窖藏青铜器(镦于残片一件),1994年5月经鉴定属国家一级、二级、三级珍贵文物,均产自汉代。

金龙坝村原生态的传统建筑遗存保存完好

有关金龙坝村最早的文字记载,多始于明末清初,以家谱为主。清代"改土归流"后,陆续有湖南汉族、土家族、苗族、侗族等多支百姓迁居于此,繁衍生息。其中李、周、张、陈、龙等为村中大姓。在"湖广填四川"和两次"川盐济楚"时期,随着从峡江流域的云阳、忠县等盐产地经利川达湖南龙山的盐道的开通与兴盛,不断有人口迁入金龙坝,并融合本地土家族文化,形成了统一的习俗,金龙坝村现有的宗族与古村落格局逐渐成形。

20世纪30年代土地革命战争时期,金龙坝村为湘鄂川黔革命根据地边缘地带。贺龙元帅曾率红军驻扎金龙坝村,开展了如火如荼的革命运动,"打土豪,捉劣绅",在当地坚持斗争近3年,流传下来许多可歌可泣的革命斗争故事,任后人凭吊和缅怀。

二、金龙坝、金龙河、金龙寨

金龙坝村的正中心实际是星斗山主脉西北坡下的一个狭长形的山间河谷地,平均海拔约900米。山环水抱,土地肥沃,四周绿树成荫。青山环伺四周,碧波蜿蜒其间,两岸阡陌纵横、翠柳成荫,处处一片葱绿,植被覆盖率极高。

金龙河自平坝中心穿过,河流两岸是成片的水田,粗壮的麻柳成行成荫,间有钢索小桥横陈两岸之间。青瓦、木结构的吊脚楼群或成片集聚,或星点山麓,屋舍俨然,鸡犬成群,炊烟袅袅。

这条河流是金龙坝村的母亲河,也是阿蓬江的正源。阿蓬江是乌江的第一大支流,自东北流向西南,所以被称为"倒流三千八百里"。实际上阿蓬江全长249千米,不同的河段因所经过的地域而有区别,在金龙坝村下游进入盛家坝镇的二官寨村后依次为旧铺河、官渡河、马鹿河与冷水河;进入咸丰后便是著名的唐崖河;改称为阿蓬江的时候已经位于重庆黔江地界。

金龙河的源头位于星斗山西北坡的麂子湾,由于河流走向形如龙蛇,晴天的正午之后,阳光洒在河面上,一片金灿灿的光芒,当地人将其命名为"金龙河",沿途的河谷坝子自然也就成了"金龙坝"。

河流流经金龙坝村的8.2千米中,总共转了18个大弯,将河谷大坝划分成为18块。由于每处河湾的形状呈船形,中间大,两头尖,河水灌溉之下,上面的农田都能够旱涝保收。当地有民谣:金龙河十八弯,一弯一条船,水涨船就高,自古不翻船。

河流沿线的明溪暗泉,是金龙河常年不干的秘密所在。尤其是大鱼泉、小鱼泉、对鱼泉、干鱼泉四口泉眼之水,据说就有半河之多。这些泉水冬暖夏凉,常年恒温,是星斗山的又一精华所在。

金龙寨所处的位置正位于这个河谷的出口处,一座馒头状的山峰耸立在平坝正中,挡住了金龙河,使得流水只能沿着山脚绕半周而行。当地人形象地称之为"金龙戏珠""龙含宝",也将此山形象地命名为"金龙宝",成为金龙坝村的象征。

正是这座山峰的存在,使得金龙坝村的平面空间形成一个典型的"壶天结构"——口小内大,村口被两山所夹,通路狭小,再向里面则青山环绕,空间开阔。从村口进入村内,有豁然开朗的感觉,仿佛进入了一个"世外桃源"。

金龙坝村是星斗山西北一处典型的冲积盆地,土地肥沃

走近

金龙宝（图左侧馒头状小山包）山峰下的金龙寨子

此山三面临水，只有南面一条路通往顶峰。传说，顶峰上曾建有一座庙宇，后来被拆。

人们习惯把金龙宝之下的十八栋土家族风格吊脚楼组成的小寨子叫作金龙寨。传说当地原有金龙、金娃娃、金马，但后来不知所踪。现有居民以张、周、陈姓居多，其中周氏族人在清康熙年间便已居住在此，而陈姓与张姓于清代"湖广填四川"时期迁入。

金龙寨吊脚楼建筑群是金龙坝村的核心区域，呈点状分布，据金龙坝村村委会2018年数据统计，建筑面积约8400平方米，有42户160名居民，是典型的土家族风格村落。但实际上此地居民的来源多为明代早期来此的汉族军户和"湖广填四川"时期的汉族移民。

金龙坝村旧时在恩施、利川与咸丰三地之中有着很大的名气。金龙寨西南方向金龙河的上游与源头麂子湾之间，有一个叫拓林溪的地方，在清道光年间就已经是西乡有名的集场。而通过麂子湾到达山顶的垭口处，就是号称"鸡鸣三县"的咸丰三县场。这个鄂西山中不起眼的小村落在那时确实是名噪一方的繁华之地。

金龙寨的另外一个小地名叫作"土墙沟"，在人们并不喜欢修墙建院的鄂西山区，结合清代"改土归流"之前当地的社会环境，可以推断有土墙的地方很有可能是军屯寨堡或者关口。因此"金龙宝"在那个时期，很有可能便是"金龙堡"，而最早到来的周家，极有可能就是来此驻防的军户。

金龙坝村的中心区域——金龙寨子

三、历史人物

潘和林，生于1933年3月，现金龙坝村流横塘阳寨岭人。1949年8月参加国民党部队，后加入解放军入朝参战。停战后转业到湖北省液压电厂任党委书记，团级。1990年7月病逝。

马文科，生卒不详，金龙坝村人。20岁左右时，马文科随欧阳轩加入游击队，为旗手。中华人民共和国成立后回金龙坝村居住，病死于20世纪80年代，无后人。

死后政府将其作为红军失散人员树碑纪念。

杨宗顺，生卒不详，金龙坝村人，红军战士，参加过咸丰忠堡和沙道沟战斗，后在被国民党反动派押回金龙坝村过程中杀害。

（资料来源：《恩施市乡镇街道志丛书·白果乡志卷》）

四、民间艺术

金龙坝村吸山水之灵性而充满生机，其原生态的山民歌传唱更是远近闻名。

金龙坝村原生态的山民歌艺术资源丰富，仅本地创作流传的山民歌就有近百首。山民歌分为叙事、论理、谈情等几大类，本地60岁以上老人擅长山民歌演唱的有近50位，40岁以上的村民基本上个个都能开口就唱。已入古稀之年的严治海、严治安老人，年轻时唱山歌闻名周边几个县市，可以连唱三天三夜不重复。

金龙坝村还有黄长寿、周显清、蒋世洲等能自编自创山民歌的老艺人近10位，可谓山民歌之乡。村里仅本地创作流传的山民歌就有近百首，有叙事说理的《结婚歌》《赌钱汉歌》，谈情说爱的《水打南桥》《吴幺姑》等，《吴幺姑》是著名的土家族长篇叙事歌。

还有一种尽显山野之风的纯情山民歌，演唱粗犷，语句直白，也有人叫它风流歌。如《坠金扇》《双手搭在姐儿肩》《五更里》《小东郎》等民歌小调，唱词多诙谐生动如小品，演唱时多为男女对歌，被称为"无郎无姐不成歌"。

如：

男：闲来无事到姐家，一不吃你烟来，二不吃你茶。

昨日从你门前过，看见个小伙子，

头戴瓜皮帽子，手拿水晶扇子，

是谁家的公子，从前门儿进，后门儿出？

女：他是奴的表兄家，奴是他的表妹家，特来看爹妈。

男：看爹妈就看爹妈，为何你俩挨着就坐下？

女：他的水晶扇，上有一朵木莲花，看花，两人就同坐下。

男：同坐下就同坐下，为何又扯扯拉拉？

女：他不让我看扇子上的花，就扯扯拉拉。

……

男：你这女娃子，东说东有理，西说西的对，我告诉你爹妈去！

女：你告奴不怕，最多把奴打两下，未必还敢把奴来杀？奴家就是喜欢他！

巧妙运用男女的对唱、道白，朴实生动的方言，把用情专一的情郎和一个心有所属的耿直女子送到了我们面前。

这种古老民歌的传承绝大部分是口传心授，原汁原味。过去农忙时，乡民们多在秋收季节晚上剥苞谷壳时，聚在一起唱上几曲，对上几首。由于其诙谐易懂，易唱易传，又能增添乐趣，传唱的人自然就多。然而现在青年人多外出务工，少有传承，金龙坝村山民歌也逐渐淡出人们的视野，处于濒危状态。

走近

高山有名镇 诗画红土溪
——高山集镇的经典作品红土老街

恩施市东乡的红土集镇位于武陵山北上余脉椿木营高原的边缘地带，平均海拔近 1400 米，是恩施市域范围内最偏远的一个乡。红土乡域三面临水，东边的景阳河、西面的马尾沟以及北部自西向东流过的清江干流在群山之中下切出多座高差巨大的峡谷，形成了天然的边界，将红土乡划分成为一个"半岛"，红土集镇正位于这座"半岛"的中心地带。

红土集镇原名红土溪村，现为红土乡人民政府所在地，距离恩施市城区113千米，古时曾是（恩）施鹤（峰）大道上的一个驿站，是巴盐古道线路沿线因盐运、商业而兴起的一座集镇，也是恩施市域范围内现存规模最大、格局最完整、历史建筑遗存最多的一座古镇。

集镇中历史最悠久的两条街道呈南北走向坐落于红豆溪畔，分上、中、下与后街，总长超过700米，宽约5～8米，另有中华人民共和国成立后兴建的新街长约200米。各种历史建筑遗存面积超过15000平方米，可以找到从明清到20世纪七八十年代间代表不同历史时期风格的建筑，是一处难得的"活体民居建筑博物馆"样式的传统集镇。

坐落在高山槽地之中的红土集镇。古镇在下，位于沟谷最低的位置；
新镇在上，位于两侧的山坡之上

一、红土古镇的历史变迁

　　历史上，恩施市东乡的三岔、沙地、新塘与红土四乡区域里临清江干流与两侧支流的河谷地带是古巴人聚居地，史书称其为"巴蛮"或"清江蛮"。土司时期，红土乡是容美土司辖地北部边缘的一处蛮荒之地，多原始森林，史称"白燝荒"。红土乡也曾受到东乡土司的军事胁迫和来自江北的汉文化浸润，但因人口稀少，发展一直未见起色。直到"改土归流"后施鹤大道贯通，红土乡成为一方重镇后，才实现区域经济的飞跃式发展，同时在多元文化的相互影响之下，文风渐炽，孕育并留存了许多价值巨大的文化遗产。

　　红土乡是廪君巴人的发祥地之一，也是恩施市清江流域最大的移民之乡之一。这里最早的原住居民是世居清江河谷的古代巴人后裔，他们以刀耕火种、捕鱼狩猎的劳作方式自然繁衍千年，喜沿河而居。

　　清代"湖广填四川"早期，红土溪村只是东乡高原上一个不起眼的小村落，外来移民在溪畔以及周边区域挽草为界，伐荒烧畲，坐贾经商，逐渐扎下根基，为日后红土溪村形成集镇打下了基础。

　　清雍正年间"改土归流"之后，朝廷在前世盐道的基础上，在"改土归流"地区广修官道，途经红土乡的各条"骡马大道"逐渐成形。这些四通八达的交通线路，是巴盐古道不折不扣的升级版。当时为了连接施南府与鹤峰州修建的施鹤大道途经红土溪村，直接促进了这个小村落的转型。

　　清乾隆末年（1795 年），施鹤大道沿线的商贸活动已渐成规模。有陈、皮二姓外乡移民在九龙坡下坪红土溪畔大兴土木，修建街道。清嘉庆十年（1805 年），又从江西逐渐迁入客家人曾、李、刘、罗、韩五姓。红土乡由于商道的日渐兴盛，又地处四县五乡镇交接之处，占尽天时地利，商贾云集，市场繁荣，逐渐成为恩施市东乡一处重要的集镇。

　　清咸丰年间第一次"川盐济楚"，巴蜀地区又一次迎来盐业贸易的高峰。红土乡由于临近川鄂古盐道清江线与川湘盐道的云阳—鹤峰线，成为东行湖北或南下湖南的必经之地，有着得天独厚的地缘优势。川盐贸易的刺激，促进了红土乡道路网络更大的拓展，也推动了红土集镇的进一步繁荣。

附注：施鹤大道是恩施东乡著名的古道，也称施鹤盐道、茶道或漆道，是一条很古老的道路。它横向延伸在鄂西南莽莽苍苍的千山万壑之中，全长约三百华里（150千米），西与施万大道、施夔大道、施黔大道衔接可达四川，东与鹤峰通往宜昌以及通往湖南石门、桑植、大庸、慈利、津市、常德等地的道路衔接。施鹤盐道在20世纪80年代长石公路修通之前，是进入红土乡唯一通道，而现在，仅存山间林地间的遗迹，曾经的"五尺大道"也不复往日辉煌，沦落成为山间小路。

当时经由红土乡境内向各方延伸的古道有三条：一条自建始经红岩寺、花坪、凤凰观（或经麦淌、双土地）至红土乡，连接江南古道东段施宜大道；另一条是自恩施市和湾村或建始县花坪镇经过鸦鹊水、沙子地、新坝渡（施州塘）等地至红土乡，属云（阳）鹤古道的一段；最后一条则是前文提

红土老街汉阳商号旧址

及的，清雍正年间"改土归流"之后为连接施南府与鹤峰州而修建的施鹤大道，起点为恩施市老城东门，经三岔、新塘直达红土乡最后到达鹤峰，全长225千米，其中马尾沟的大马驿、红土溪村、石灰窑等都是古道上的重要驿站。当然还有"东乡大道"，是恩施市直通今天红土乡石灰窑村的一条人行大道，自恩施市老城东门经鸭子塘、长沙河、万寨、木栗园、水杉坝至石灰窑。

到了清道光年间，红土溪村已经成为恩施市东乡的20个集场之一。清道光二十年（1840年），宣恩著名中医汪古珊在红土、双河、新塘、沙地一带行医授徒，并著《医学精粹》流传乡里。清咸丰十年（1860年），"韩义三"药号在红土乡开业，此为红土乡最早的中西医结合诊所。晚清至民国年间，红土乡有"江浙帮""湖南帮""江西帮""本地帮"等商帮行商与坐商在此经营药材、土特产以及盐和布匹等生意；有童金堂、童金叙、童银叙等"汉阳客"在此经营洋货，早期移

民红土乡的李氏家族也因地利之便而发迹,成为红土乡的"大户"。此外本地人自古就有组织盐帮从事盐运的传统,一般是将当地特产的木梓油、桐油、生漆、中药材甚至腊肉等土特产运到云阳换取食盐,再将食盐贩运到湖南桑植、湖北资丘等地换回布匹和日常用品。一般背夫借以维持家计,而那些盐帮头目则早已成为红土古镇的富户。有顺口溜:刘家的"嘴钳子"、李家的"钱串子"、罗家的"锤把子"(勇武)、韩家的"笔杆子"(出文人)。

现在的红土集镇依然是周边村庄村民赶场的首选之地,老街上的不少店铺依旧在经营

清同治七年(1868年),恩施全县共置三里25甲,红土溪村属于东乡崇宁里,标志着红土集镇已经初具规模,商业发达,人文蔚起。

民国时期,红土集镇已有街道两条,巷道4条,南北走向,长约150米,宽约5～8米,街长巷短,石板路和泥石路相接。街上有铜、铁、银匠铺,还有栈房、盐号及专营布匹百货的店铺。百日场期,市场繁荣,周边新塘、官店等居民到此赶集,生意兴隆。

第二次国内革命战争时期,红土乡是湘鄂西红色根据地之一。1930年1月8日,贺龙的姐姐贺香姑、红四军第一路军师长王炳南率红军战士行军190华里(95千米),于1月9日凌晨进攻红土溪村,一举歼灭红土团防武装100余人,击毙团总赵金轩,缴枪近百支,随即成立中华苏维埃红土区政府。(资料来源:《恩施市乡镇街道志丛书·红土乡志卷》)

抗日战争时期,红土古镇因为深藏大山之中远离战乱,遇上了历史上第二个发展高潮。为逃避战乱,湖北荆州、沙市一带的难民、商人流寓红土溪村,很多手工匠人也流居于此,铜匠铺、银匠铺、铁匠铺、斋货坊(食品加工)、染匠铺、盐号、布匹百货店等纷纷开张营业,为一时之盛,红土芝麻大饼直到20

世纪八十年代初,还属于名牌食品。

民国末年,红土溪村形成集镇已有150年,恩施县政府将红土镇定为甲级镇。街道约长400米,约在二分之一处,沿河沟两岸分成两条并行街道,整体格局由北向南呈"丫"字形,另有四条小巷旁通。

位于红土中街的"湘鄂西苏区中央局书记"夏曦故居,是一处典型的前店后宅式的建筑

中华人民共和国成立后红土老镇仍然是沙地、新塘、建始景阳、宣恩椿木营、鹤峰中营五乡镇的商贸集散中心,占尽了区位优势,有"小香港"之称。红土乡老乡政府院内至今仍保存着民国三十三年(1944年)所立的《建筑乡公所序》碑,碑文有"恩邑红豆溪市场,百余年人文蔚起,山水清音,虽非通都,可壮大观"的记载。

红土集镇上街的刘德庵故居复原模型。刘德庵故居是一处典型的四合天井大宅院,但也没有脱离"前店后宅"的基本格局,足可见得历史上红土集镇商业的繁盛

刘德庵(1879—1953年),名洪基,清文庠生,虽未及仕,但在恩施市东乡(包含沙地、新塘、红土)颇有名气,深得各界地方长官倚重,著有四卷本《德庵文集》,今已散佚,仅存《建筑乡公所序》一篇,因刻石碑得以传留。

二、红土溪村的由来

红土集镇位于红土乡中部的一个高海拔的山间槽地之间，是一座典型的高山集镇。古镇四面群山环抱，溪涧纵横，林壑优美，物华天宝，人杰地灵，是一处经典的"桃源地形"。红土溪村最早的小地名"回龙溪"，就是得名于集镇东侧的"九龙坡"。

外省移民刚到红土乡之时，由于海拔较低、气候温暖的清江河谷地带早已被当地土著占据，所以只能在高海拔区域、当地人少有涉足的山地挽草为界，另辟居所。清乾隆年间，周、陈、皮三家落业时，红土溪村还是一个原始森林环抱、虎狼出没之地，每逢天降暴雨，九龙坡上八个巨大的山槽徒涨的洪水奔流直下，激起丈高的浪头，像群龙回首，于是便有了"回龙溪"的地名。

古镇的选址与修建，看似随意却藏着很深的智慧，选址高山槽地可以使人们远离高原上狂风的袭扰，又近水源，有利于生活。红土新镇建成之前，老街是一个典型的邻水型集镇，红土溪即为古镇带来了源源不断的生活和生产用水，又为木建筑防火提供便利。

后来，迁居至此的移民越来越多。由于人口的增长，再加上气候和生态环境的改变，九龙坡上的洪水逐年变小，场景不再；加上居民分住溪水两侧，出于生产、生活的往来需要在溪面上架桥，横渡往来，"回龙溪"地名也逐渐变成了"横渡溪"。

红土溪村盛产水稻、玉米、马铃薯、红薯、黄豆、高粱、小麦等粮食作物。经济作物以茶叶、烤烟、蔬菜、魔芋、干鲜果、油菜等为主。油料作物主要有油菜、花生、向日葵。药材主要有黄连、白术、党参、贝母、杜仲、银杏、黄柏、厚朴等。水果主要有梨、桃、李、柑橘、板栗、葡萄、猕猴桃、核桃等。还盛产绿茶、红茶、绞股蓝、鱼腥草、银杏等，以茶叶、烤烟、畜牧、林果、蔬菜等为支柱产业。此外，由于地处高山地带，适合烟草的生长，烟叶产量高，质量好，多为上品。

由于海拔较高，红土溪村不能种植稻谷。但这并不影响这里的粮食产量，外省移民带来了先进生产技术与山里没有的农作物品种，即便在高寒山区的贫瘠土地上照样可以不误农时。耕地面积的扩大，粮食产量的增加，让移民在此站稳脚跟，逐渐与原住民来往密切，进行商品交易。在这个过程中，有种叫"红小豆"的物产颇受居住在低海拔河谷地带土著居民的青睐，常用稻米、鱼等来交换。由于当地人势强，外来移民为了利益不受损害，通常把交易场所放在自己的地盘上。时间久了，土著百姓便将这个出产红色豆类的溪边小村习惯性地称为"红豆溪"。物质的交换与生产技术的交流促进了不同族群间的交融，沿清江河谷居住的土家百姓与红豆溪的外省移民在生产、生活方面逐渐产生了更加紧密的联系。

随着施鹤大道的贯通，不同族群之间的各种业务也随之扩展，红豆溪渐渐由一个小区域的，以物物交换为主要功能的集场，演变为闻名四县的商贸集散地。这其中一项重要的商贸活动就是当地土特产对外销售，由于各种物产质量上乘且"土"味十足，这里的地名也变成了"红土溪"。

三、"蛮子腔"与"搬家子腔"

恩施方言属西南官话荆宜片，但由于更靠近巴蜀，与四川话发音相近，只要不讲地方俚语，外地人还是能够听懂大部分。但恩施市"东乡话"除外，它的音调近似西南官话，语句晦涩难懂。最地道的东乡话是红土腔，这成了红土人的标识。

"红土腔"是红土乡历史上不同族群在相互交往、交流过程中的一种产物，如果再细化，还可以分为"蛮子腔"和"搬家子腔"。

操"蛮子腔"的人们属于红土乡的最早族群，也就是前文提及的世居清江河谷的古巴人后裔。

这个族群在红土乡的传统生活区域大致是今天的天落水、稻池、平锦、老村、乌鸦坝一带的村组，海拔较红土溪村低了很多。生活在此的覃（谭）、向、黄、廖、董等姓氏据说在血统上最接近巴人。其中谭、覃、向是土家族传统姓氏，追根溯源算得上是清江流域真正的原住民；而黄、廖、董等姓氏则是迁入历史早于明代的早期移民，逐渐融入当地土著文化中。这个族群民风强悍直质，急公好义，保留着巴人尚武的特性。同时，古老的习俗也被顽强地保留着，除了廪君

(向王天子)崇拜外,至今仍存在跳丧(撒尔嗬)、放话、约话等古老的婚丧习俗。其中,最具特点的就是"蛮子腔"这种独特的方言古语。

如他们称母亲为"因娘",尊称年老的妇女为"老巴子",而"巴左手"(左手)、巴右手(右手)、巴兴不得(正好)、缺巴湿(湿透了)、造孽巴撒(可怜)等词句的发音则是巴人古语的历史印记。此外,这些操"蛮子腔"的人们,读"天"为"千"、"爹"为"阶"、"调"为"桥"等。

对于语言学家和社会学学者而言,这里堪称中国南方古方言的一大宝库。已故学者张汉卿先生早在20世纪80年代就曾经著文说:红土"蛮子腔"有着先秦古音的残迹,是巴人古语的活化石。

而"搬家子腔"则是江西、湖南、贵州、湖北等地同操西南官话的移民,将各自方言、时兴官话与土著古语相融合而成的一个语言变种。

红土溪村的"搬家子"们主要是"湖广填四川"时迁入垦荒或经商的汉族移民,"搬家子腔"就是这一时期移民们为融入当地而形成的一种特有方言。较之"蛮子腔","搬家子腔"有几个特点:首先,因为移民在与本地土著沟通交流时,需要用他们能听得懂的语言,所以基础发音是当地流行官话的音调;其次,他毕竟初来乍到,在强悍的原住民面前处于弱势,必须谨慎谦卑、慎言慎行,故其语调平缓,多带拖音与儿化音,让人听着舒服,不会因为语言障碍而引起与土著"蛮子"的误会与纷争;最后,保存着部分发源地母语的音调,很多在移民故乡没有留存下来的方言甚至可以在"搬家子腔"中找到。

四、建筑遗存丰富的红土古镇

明清和民国时期的红土乡地界,水路交通环境优越,周边盐道商路四通八达。红土溪村享其便利,集镇繁荣,商业兴盛,富甲一方。积累了大量财富的商人云集红土溪村,建造了大量结构灵活,造型别致的传统建筑。这座古镇的传统建筑样式之多令人惊叹,土家族传统风格木构建筑的类型、建造形式均可在此找寻到,堪称荒陬杰构。

中华人民共和国成立后，由于交通区位的改变，红土乡逐渐成为"偏远之地"。不便的交通虽然一直阻碍着这里的发展，却也使得多种传统文化与习俗得以留存。除了古老的语言与多元的文化脉络外，这里还是恩施市乃至恩施州范围内，原生态传统建筑遗存最丰富的一个古集镇，堪称"活体博物馆"。

红土古镇的发展周期，自清代初、中期一直延续至中华人民共和国成立后的20世纪七八十年代，持续近300年。清代晚期红土老街成型，这是古镇的第一个发展高潮。清咸丰年间第

红土集镇老街肌理与走向

一次"川盐济楚"，云阳—鹤峰是重要的盐运路线，红土乡本地富商、大户因此而发迹之后，以上街、中街为轴线，在两侧大兴土木，广修商号、会馆、豪宅，最终形成了两条呈东南—西北走向的平行街道，分别叫老街与新街。

其中老街较长，如果复原它原有的肌理，将上、中、下与后街四段连起，可超过600米。这是红土古镇传统建筑最精华的区域，仅四合天井民居就有十余栋，其工艺与建造手法，堪称恩施市传统民居建筑的经典。建筑结构多以木制穿斗式结构为主，也有少量有石制墙体，房屋多为石基木柱结构的四合天井，有木石门框双扇门、雕花窗、垛脊、青瓦。

最难得的是，在这片规模宏大的民居建筑群中，竟能找到五座完整的"抱亭"（迄今为止整个恩施市发现的也不过十余座）和一座过街楼。恩施市域内遗存的集镇老街不多，其中的过街楼更是凤毛麟角。这种在多雨的武陵山区原本最常见的建筑，如今仅能在红土中街的入口处觅见唯一的一座。

中街与上街的结合部原有一座关帝庙，也已经被拆毁，仅余一根立柱歪歪

斜斜地靠在一座砖混民居的侧面。上街尽头原有一座戏楼，也已损毁不见。

红土集镇保留着恩施市内唯一的一座过街楼

下街受制于地形（处于两山之间，外加一条溪流），屋舍规模并不大，以单体为主，形成的街道较窄，却保留有武陵山区特有的"雨街"——街道两侧房屋房檐宽大，遮住街面，仅留中间一线天。雨街是多雨高湿的武陵地区一种特

红土集镇下街的雨街

有的街道格局，有点类似福建两广一带的骑楼，同样是一种充满智慧的防雨结构，如今雨街在恩施市也已不多见，即使在红土古镇，也只有下街那短短的100余米。

下街两侧的建筑立面相对规整，多是多间联排，建筑外观样式与古朴的上街、中街有着明显的不同。当地老乡介绍：此地原是周家的祖宅，因周家人好赌，被其他家族联合做局出千，将其财产套净，逼其迁出红土溪村。中华人民共和国成立后，下街毁于火灾，而后当地人民政府统一组织新建一批木构建筑，作为各个乡级职能部门的办公场所。这批建筑同江对岸的沙地老街一样，是恩施地区中华人民共和国成立后最早的集镇建设样板，颇具历史价值。

红土集镇是清中期才开始形成的一个新兴集镇，受到更多的外来文化的影响。其传统建筑的基本样式虽然可以归类为土家族风格，但从建造结构上来看，却有着更多的灵活性。比较显著的特点就是：建筑"排扇"的柱式组合几乎没有重复的。这一时期的匠人们已经可以从自己能够控制的地方，彰显自己的风格特色。

新街与后街传统建筑损毁严重。后街仅存一座刘家大屋，坐落在水田坪，是古镇上体量最大的一座单体建筑，是红土集镇保存最完好的历史建筑之一。相传为清末民初时刘钟桓兄弟所建。刘氏家族最早因逃荒来到红土乡，先与人做长工，后闯荡盐道做食盐生意，逐渐积攒下偌大家业，成为红土乡大户。

刘家大屋规模宏大，占地面积约700平方米。三进、三门、三天井，建筑主体为穿斗式木结构建筑，局部墙体为石制。大屋横宽30余米，进深不到20米，正堂为落脚朝门，早期门前建有花园，大门造型朴素端庄，悬木匾一块，上书"德寓蜚英"。正堂天井为四水归堂，青石铺地，麻条石镶边，堂屋上方高悬匾额，书"墨庄遗业"，下为高贡桌，内嵌"天地君亲师"牌位，现为恩施市市级文物保护单位。

新街在民国到中华人民共和国成立后一段时间中修建，长150米，两侧是红土乡乡政府的办公楼与供销社时期的建筑，街道路面原为卵石铺设，临街多为木构小青瓦商铺。红土溪穿街而过，在中街与下街的结合部转向下街，以前溪水两侧居民为了方便往来沟通，除了集资修建了三座古石桥外，多架木板和大木沟通两岸，使历史上的古街呈现出难得的"高原水乡"景象。后由于集镇

刘家大院现状图

建设，道路改造，明溪改为暗沟，兼具污水管道的功用，虽拓宽了街道，却也使得古镇风韵大减，成为红土乡老一辈人的"乡愁"。

五、红土乡历史名人

进入红土乡地界后，路边常见一个"诗画红土"的标语。初来者会稍有疑虑，毕竟在清江沿线，如画的山水常见，但荒陬野岭很难与"诗"与"文"联系在一起。这其实是外来者的一个误区，恩施市的东乡看似偏远，却自古是重文重学之地！

红土乡历史上的名人众多，史上曾有留日学者韩书文、黄埔学员李友端、本土儒士刘德庵、东乡名医韩义三等名人，当代更有无数人才为国效力。古镇上还有夏曦旧居、汉阳商号旧址静静地诉说过往的沧桑。厚重的人文底蕴积淀出丰富的文化遗产。虽然，岁月更迭，老街难免会随着时间的消逝而逐渐老去，但是历经风雨的历史建筑，遗留在人们口中与史料上的名人、传说，都可以挖掘出丰富的历史痕迹。

历史名人：

韩书文（1874—1922年），号郁轩。1903年入湖北师范学堂，毕业后先后留学日本早稻田大学、明治大学，获"明法学士"称号。学成回京在北洋政府任司法官兼司法教谕，1916年7月赴任吉林省省长助理兼幕僚，后辞职回京仍从事旧职。48岁病逝于北京，北洋政府派专人将其灵柩护送回祖籍安葬，历时半年。其夫人吴氏（原籍建始凉水埠）亦携其女回红土乡定居。

李友端（1912—2009年），字老九。1930年入东北讲武堂，先后供职于东北军、国民革命军第二十九路军，并亲历卢沟桥事变。1937年入黄埔军校第十四期一总队，1938年11月毕业，在国民党军政部十六补训处任职，后转为四川纂江督运站站长，时与中共地下党接触。中华人民共和国成立后先后在纂江、北京任职。

韩义三。清道光年间，宣恩著名中医汪古珊在红土、双河、新塘、沙地一带行医收徒，并著《医学精粹》流传乡里，韩义三是其得意门生。1860年，"韩义三"药号在红土集镇下街开业，为恩施市乡镇最早的中医诊所。后黄泰卿、吴承藩、黄子均等著名中医先后在此执业。韩义三执业的诊所、药号为红土乡卫生院的前身。

文中部分资料来源于《东乡古镇红土溪》（原作者为谭庆虎先生）以及《恩施市乡镇街道志丛书·红土乡志卷》。

古建测绘复原来源于华中科技大学建筑系2016级的廖雪如、陈宣林、姜耀亮、赵越、贾双图、相可清、郭一珊、陈盈桐，指导老师：刘小虎 李晓 陈秋瑜。

走近

名门出望族　荒陬有杰构
——崔家坝镇滚龙坝村

滚龙坝村位于恩施市崔家坝镇，距恩施市城东北40千米，是一个以土家族向氏儿女居住为主的村落，以古建筑群、古墓葬、古树和出土珍贵文物而著名。其村落选址于一山间平坝，四面环山，古树葱茏，山峰独秀，文化深厚；因村中左有尖龙河，右有洋芋沟，如滚龙滔滔，而得名。曾为鸦鹊、崔家坝行政管辖的乡、管理区、公社、大队、村驻地，现为鸦鹊水村的一个下属村民小组，也是全镇的茶叶、水稻主产区。村民经济收入主要以种植养殖业为主全村经济总收入每年增加。

明清两代乃至民国时期，滚龙坝村是施宜古大道要径、军事要冲，是土家族向氏聚居点。向氏始祖向大发，于明崇祯七年（1634年）携眷征战，始于豫，复经楚，在四川彭水战败于张献忠部，由彭水至滚龙坝村落户。

村内道路尽皆硬化，或水泥路面，或石板铺成，循山势沿级而上下，东上可通麦淌，西下可达南里渡；黑色油路穿村而过，南可至沙地，北连318国道，交通极为便利。

一、滚龙坝村村庄风貌与格局

滚龙坝村四面环山，林木葱茏，古树参天，山峰独秀。为鄂西山地常见的山间小平地，尖龙河、洋芋沟两条河流从南北两侧穿过，尖龙河水黄，被称为黄龙，洋鱼沟水清，被称为青龙，两条溪水如滚龙汇流入天坑，故有滚龙坝的称谓。

坪坝面积约5平方千米，耕地面积900余亩，土地肥沃。村中房屋建筑古朴雅致、错落有致。四周山势形成了东有青龙是瞻（青龙山），西有天马辔鞍（马

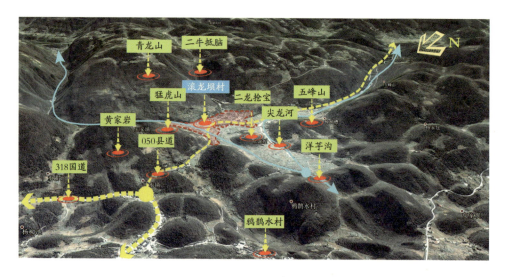

滚龙坝村环境与山水格局图

鞍山），北有猛虎下山（黄家岩），南有五凤朝阳（五峰山），中有文笔调砚（宝塔山）的布局，构成了一幅美丽的自然画卷。

进入坝中，田坝边，阡陌旁，古树名木，高刺云天。据林业部门测定，最大的一棵青檀树龄长达 545 年，高 36 米，胸径 137 厘米，冠幅 22 米；最大的一棵银杏树龄 594 年，高 34 米，胸径 159 厘米，冠幅 12 米（截至滚龙坝村村委会 2019 年数据）。树是村落历史的见证，记录着滚龙坝村久远的历史。

二、滚龙坝村历史

1. 滚龙坝村历史

滚龙坝村村民的先人由四川迁入。据《向氏宗源》记载，向氏先祖向大发，字八斗，明军军官，生于明万历六年（公元 1578 年）。向大发于明崇祯七年（1634 年）携眷征战，始于豫，复经楚，后因敌众我寡，在四川彭水战败于张献忠部。向大发领着寥寥无几的子孙及士卒弃戈奔走，由彭水经施州，昼宿密林，夜行小道，数月有许，奔至滚龙坝村挽草落户。向大发为免祸患，更名为大旺，字云峰。自向大旺来滚龙坝村生息繁衍，已承传二十代人，形成了一个人财兴旺发达的大家庭。

历史上的滚龙坝村扼守着施宜大道，是古道沿线的重要关卡，有着重要的防备功能。这就决定了滚龙坝村不仅是聚族而居的自然村落，还是封建时代基层军事组织"塘"与国家粮库"社仓"所在地，旧时曾为施东崇宁里十二社仓之一。

向氏明清两朝人才辈出，据《恩施县志》记载，向氏族人多次参加过抗击倭寇，保卫祖国海疆的战斗。向氏在明、清两代各有一次最发达的时期：第一时期为明代向霖龙、向云龙、向需龙同胞三兄弟因武勋授官。从已发现的向云龙、向需龙墓碑文来看，向霖龙官至川湖五省总兵，向云龙官至南直安庆协理剿寇军门游击，向需龙因功封凤卫伯爵，这在当时至少也是五品以上的官员了。祖以孙贵,向大旺被朝廷诰封为将军(荣誉虚职,武职正三品)。第二时期为清代向存道、向发道、向致道同胞三兄弟经科举步入仕途。除上述6人外,滚龙坝村向氏家族在封建时代还有多人做官发迹,如向日葵为明代副府;向必正为清乾隆贡生;向夒龙为清嘉庆卫政大夫;向万杰为清同治广东盐运使司经历、候选知府(妻崔氏诰封夫人);向子美为清末秀才、同盟会员,曾留学日本,民国初年任湖北省财政厅咨议与省高等法院推事;向明斋为清末秀才、共进会会员,民国初年任鄂省议会议员与恩施县议会议长、来凤县知事等。

2. 重要历史人物

明代:

向大发,字八斗,明崇祯七年(1634年),携眷征战张献忠部败于蜀,更名向大旺,字云峰,明崇祯九年(1636年),落业滚龙坝村。后向大旺四子于四房屋基分支创业,长子儒林落籍渣鱼口,次子琼林世居滚龙坝村,三子春林定籍社檀坪,四子官林定居杨柳池。按:据清同治向大旺墓碑文"先代自麻城孝感迁施又由老茅田迁滚龙坝"记,向氏定居恩施市的起始时间,应早于向大旺。据传,向大旺居滚龙坝村之前,有黄姓及向大元一支居此。

向霖龙,崇祯七年投义勇,以功授守备;崇祯九年剿安庐池太光,固勒黄等处,擢都督指挥;十二年东房犯阙,奉旨擒王,加升副总兵。向需龙,以功授游击。按:此条属《恩施县志》记载,时间应准确,而向霖龙为向大旺的曾孙,所以向大旺的相关年代存疑,尚等考证。

清代:

向恺新,清嘉庆元年(1796年),立军功。

向发道,又名向元魁,向博,清道光九年(1829年)中武进士,后官至直隶泰宁镇白石口蓝翎都司、天津泰宁镇白石口都阃府蓝翎都司。清代抗倭将领,民族英雄。

向正书,字玉璘,清道光二十五年(1845年)诰封诏武都尉。子三:存道、元魁、奎文。

向存道，清道光二十九年（1849年）中武举第二十四名，后官至施南府千总。好施予，多补修道路桥梁。

向致道，清咸丰九年（1859年）中文科进士。

民国：

向明斋，1911年辛亥年武昌首义后参事内务。民国二年回乡组织共和党，举为鄂省议会会员，后任议长、来凤县知事。

向天钟，字子美，清末秀才，1904年考取官费留学日本，在东京早稻田大学法科毕业。中国同盟会会员。民国初任湖北省长公署咨议，夏口、安陆等县地方审判厅推事等职，后在武昌、恩施执行律师业务，任恩施县参议会议员，1932年至1934年任区长。1951年逝世，终年67岁。

向炯（1884—1930年），字明斋，原名向兴科。湖北省方言学堂毕业，早年积极参加辛亥革命活动，加入革命秘密团体共进会，武昌首义时立有功绩。曾任湖北省议会议员、恩施县议会议长、来凤县知事等。在"讨袁"运动中，曾回恩施进行活动。1930年病死家中。

（资料来源：恩施市文物局与崔家坝镇文体中心联合整理的《中国历史文化名村滚龙坝事记》）

1928年11月25日，贺龙领导的工农革命军，从鹤峰梅坪出发，突袭建始县城后，途经汪家寨、崔家坝、鹤峰口、绵阳口、红土、返回鹤峰，途经滚龙坝村。

1949年11月5日，独立一师第八团鄂西干部纵队恩施县中队第六小队接管鸦鹊乡公所，设立区公所。下午到达滚龙坝村开展宣传工作。

三、滚龙坝村历史建筑

滚龙坝村保存有多处明清建筑和民国时期的民居建筑，以保存完整的结构和精湛的建造技艺著称。建筑多融合土家和汉文化两种特色——以传统的土家"吊脚楼"形式为主，木结构，小青瓦屋面，飞檐翘角；两侧修生活用房和养牲畜的围屋，四周高筑围墙；同时修建有四合天井，面壁高筑封火墙，院落棋布，错落有致，风格古朴雅致，美观大方，远望秀美而富于变化。徽派建筑元素一直对长江流域民居建筑有着较大的影响，而在武陵山区土家族聚居区域，土家族干栏式木建筑一直是民居建筑的主流样式，像滚龙坝村古建筑群这种兼具两种风格的民居实属少数。这与滚龙坝村特殊的地理位置——地处"施宜古道"沿线——有关，但也很大程度上反映了滚龙坝村向氏家族在文化思想上兼收并蓄，是恩施地区民居建筑体系中少有的经典风格，为研究地方民居的发展提供了一个难得的实体标本。

滚龙坝村传统建筑特色

滚龙坝村现存古院落和街巷数量颇丰，形式丰富。街巷错落有致，院落格局完整，或古朴典雅，或大气宽敞，依坡就势，参差错落，古色古香，蕴含着一种沧桑感。传统的朝门、马头墙、门廊、凉巷、石基墙裙和小青瓦及细部的精美雕刻成为其传统建筑的总体风貌特征。

村中基本完整保留了古村落肌理和古民居传统格局。村庄聚落空间由两部分组成，南为老屋场，由石狮子屋场古建筑群和中村古建筑群组成。中村古建筑群破坏较为严重，而石狮子屋场古建筑群虽有损毁却基本保留了原有形态，其代表建筑石狮子屋是滚龙坝村古建筑群的经典。茅坎山主要由长街檐屋古建筑群、四房屋基和茅坎山古坟岭墓群组成——包括四房屋基、向氏新屋、向若青宅、炳墙屋、新学堂屋、长街檐屋等老屋场与茅坎山古坟岭墓群。建筑建造年代多为明清时期至中华人民共和国成立前后，采用传统的砖石结构，建筑形式多为单层坡屋顶，以黑、白、灰为主要色调，烘托出古村浓厚的历史底蕴。

滚龙坝村历史建筑复原图

1. 石狮子屋

省级文物保护单位，三门九排间多厅进砖木结构建筑，分左中右三屋。中屋为石门，门两边墙上各饰一石狮头，门前踞立清道光十八年（1838年）打造石狮一对。该屋三进十房、两天井，后设花园，花园后设四间雇工住房，二进为抱厅（亭子屋），抱厅前大厅过去设为向氏祠堂。右屋出檐木门，七进十五房五天井，二进为抱厅（亭子屋），六进设两个对称的小亭子，后设花园，右侧设火坑、厨房、餐厅、厕所、雇工房、猪牛圈共十余间（俗称围屋）。左屋五进十一房、二天井，天井两侧设对称小亭子，左侧设火坑、厨房、猪牛圈十余间（围屋）。三屋间有风火墙隔离，但在一、二进间设有石门，形成横向通道，居住之人不出屋可相互走动。中左屋为清进士、候选学正堂向致道居住，右屋为清武进士、蓝翎都司向发道修建。整幢房屋除左屋前二进及中屋亭子屋毁塌外，其余保存较好。风火墙壁画和石、木雕刻古朴精美。（资料来源：贺孝贵著《历史恩施》）

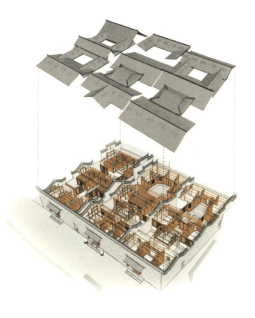

石狮子屋现状照片与建筑复原图

2. 向存道宅

原有房屋相连，因失火烧毁，向存道屋自成一体。该屋原有两道门楼，进第一道门楼为院坝，院坝后为三米多高的石砌保坎，上多级石阶为第二道门楼，门楼与前厅屋相连，两侧为对称的住房六间；第二进中为大厅，两边为对称的书房、天井、亭子，其后为横贯的通道；通道后为第三进，中为抱厅（大亭子），两边为对称的二天井、四住房，其后为第二条横贯的通道；通道后为第四进，中为后大厅，两边为对称的四间住房，住房两边为直行通道，通道外为对称的二天井、二亭子、八间住房；后大厅后面左为花园，右为火坑屋、餐厅、天井、厨房；正房两边砌高大的风火马头墙，墙外为直行通道，通道外为长形围屋，从正房后面山体直达院坝前沿，后半截与正房平齐，前半截伸出保坎外为吊脚楼结构。左围屋由四个天井、一个亭子、两间火坑屋、两间厨房、两间餐厅、两间雇工住房、一间农具屋、两处猪牛圈屋组成（后屋靠山一处，吊脚楼下一处）；右围屋由四个天井、一个亭子、一间餐厅、一间厨房、一间火坑屋、两间雇工

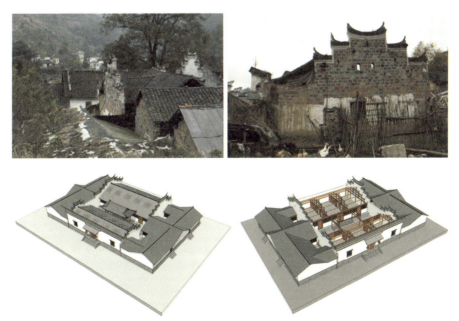

向存道宅

住房、一间农具屋、两处猪牛圈屋（后屋靠山一处，吊脚楼下一处）组成，吊脚楼靠院坝内侧建木结构铺石板晒台。该屋为向存道任施南府千总时建造，规模宏大，气势雄伟，结构复杂。现除第一道门楼、围屋前半截废塌，前后堂屋与抱厅1942年失火烧毁，余保存较好。左围屋旁另有侧楼一幢，两层石木结构，为正屋续建房屋，保存较好。

3. 四房屋基

四房屋基位于茅坎山脚坪坝边沿，为前三房、后三房、四侧房四合天井式砖木结构建筑，保存基本完整，风火墙高耸，石柱基、门扇、窗扇等雕花古朴繁杂精美。

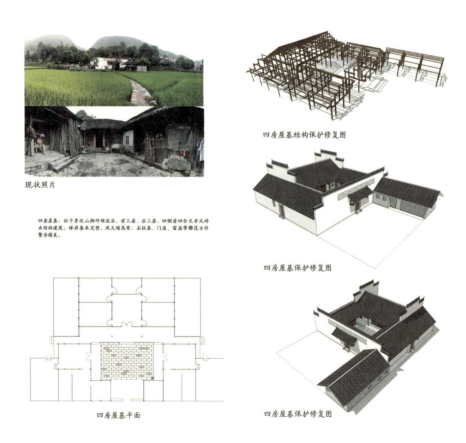

四房屋基现状照片与建筑复原图

4. 新学堂屋

新学堂屋位于井墙屋前,是向氏家族为方便其后人读书而专门修建的学校。长方形十多间双层木结构建筑,虽建于中华人民共和国成立后,立柱整木到顶,规模大,建筑形式独特,具有较高的保护价值。

新学堂屋现状照片与建筑复原图

5. 向氏新屋

向氏新屋即向子美宅，位于老屋右侧，四合天井式双层十四间木结构建筑，虽建于民国晚期，但高 11 米的楼房全由整根杉木为柱支撑建构，实属罕见，亦有审美和保护价值。

向氏新屋现状照片与建筑复原图

6. 向若青宅

向若青宅位于向子美屋右侧，是由门楼、正三房、四侧房、单天井、围墙组合的砖木结构建筑，三间正房保存较完整。

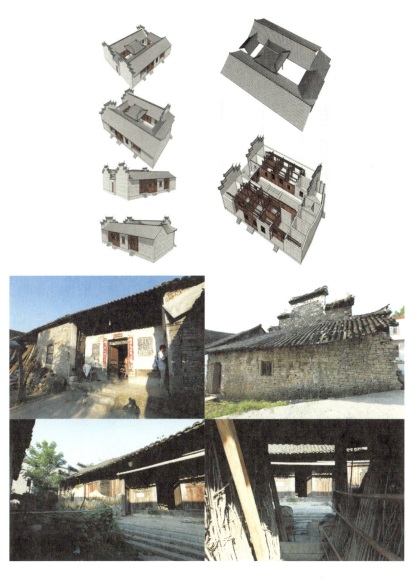

向若青宅现状照片与建筑复原图

7. 长街檐屋

长街檐屋为三石门、三进、前九房、后九房、八侧房、三抱厅、四天井、后花园的砖木结构建筑，曾是滚龙坝村向氏规模最大的屋场。1994年后，向爱极、宋登福、向极刚、崔远成、向宪极等翻修房屋，逐步将其破坏，现仅存一进三间房屋。

长街檐屋现状照片与建筑复原图

四、民间信仰

1. 地域信仰

滚龙坝村物华天宝,人杰地灵,所承载的传统文化与非物质文化遗产丰富,既突出反映了恩施市滚龙坝村向氏宗族本土历史文化特色,也体现了滚龙坝村独有的历史韵味,是一块极具价值的文化瑰宝。这里融合了向氏宗祠文化、传统技艺、滚龙坝村向氏土家独有的建筑文化、官宦传统、耕读文化、独特风水格局。

滚龙坝村向氏原为外来民族群体,在此生活繁衍已有百年。清"改土归流"后,部分汉民迁入此地,汉族礼仪与传统文化随之传入;加之滚龙坝村地处施宜古道沿线,自古便是文化交融之地,便形成了多元文化并存的局面,如:多神崇拜、信鬼崇巫,信奉宗教;世代奉行"德以固本,忠以立身,仁以抚众";竹香世家有的供奉"天地君亲师位",有的供奉"至圣先师"牌位。

2. 传统信仰

土家族自称是"白虎"的后人。土家族祖先巴人的图腾,以廪君为界,前后迥然相异,在廪君之前为巴蛇,之后为白虎。

(1)巴蛇图腾。

廪君之先已有巴人。廪君之前的巴人初民并不崇虎,而是崇蛇。吞象之蛇即为巴人图腾巴蛇。

(2)白虎图腾。

巴人自廪君始,变蛇图腾为白虎图腾。虎图腾起源于黄帝轩辕氏族集团的虎方氏族。从此以后,巴人的历史与文化便逐渐染上了白虎图腾的神奇色彩!

滚龙坝村向氏信奉向述大族神和向霖龙等小族神。滚龙坝村村北曾经建有向王庙,又称大王庙,供奉向述大神。据《恩施县志·兵事志》载,向述,河内郡人，为汉景帝驸马。时巴蛮攻劫，常以王镇秭归，安攘有功，教养有法，得楚蜀人心。生子十六，分十子入衡阳，六子入川，聚桥分遗破釜，命各执一片，世守为信。王卒，葬秭归。东晋桓诞，自立为施州王，后降曹，施为向氏所据。王显灵于大宋，为归民驱疫，民上状，遂敕封建庙赐额。蛮人畏疫，故自归向王，达于施州，多有不祀其先祖而祀其向王者。此即为滚龙坝村向氏供奉向王大神的由来。由此看来，滚龙坝村向氏自认为是汉景帝驸马向述的后代。

滚龙坝村向氏另信奉向霖龙与白马将军、黑马童子、白太娘娘、金花小姐等七位族内小神。向霖龙是滚龙坝村向氏族四世祖，是该族值得骄傲的一个人物，官至"明封钦命总理五省川湖讨寇军门右协镇副总兵都督府都督同知加升三级"。当地传其给侄子向日葵托梦曰："我乃向氏族神！"后将其奉为神灵敬祀。向氏族神中的白马将军、黑马童子身份暂不可考据，但白太娘娘、金花小姐确有出处。《恩施县志·烈女》所载："向允善女，五姑、六姑，年及笄，均许字未嫁。两婿相继亡，姊妹矢志守义终身。督学褒奖以姊妹双清。"向氏以白太、金花之名，将两女奉为女性族神。

世上无鬼神，都是人造的。从滚龙坝村向氏所造族神来看，来自三个方面，一是借用古代同姓名声显赫的人物，如向述；二是本氏族中有作为的人物，如向霖龙；三是封建时代"三纲五常"的牺牲品，如向五姑、六姑姊妹。这种造神方法，反映了中国各姓氏族神形成的基本规律。

走近

沙地引六路　六路通四县

——沙地乡的旧集场与古村落

　　清江离开恩施盆地后进入恩施市东乡，与众多的支流划分出不同的区域。位于清江北岸的沙地乡就是其中之一，是由清江干流与支流龟山河、巴溪河围合而形成的一座"半岛"。

　　沙地乡的东、南、西三面为深切的河谷，中北部是高耸的山地。乡域国土面积190.29平方千米，耕地面积4.6万亩，其中水田0.71万亩；下辖沙地、秋木、柳池、花被、楠木园、落都、鹤峰口、麦淌、神堂、黄广田9个行政村和1个居委会，97个村民小组，30104人。（所引用数据皆为2017年统计数据）

有当地学者这样描写沙地："沙地——良田绿洲，山岩奇秀，多民族散居，乡音杂趣，三面环水，坡形半岛，棱隅交错，淌坪纵横，物产丰富，桐木漆麻，柑橘柚茶，獐麂兔鸭，鹰鸣猴啼，集武陵之最，地搜胜概，英雄辈出，洋人怕，列强惧，解放后，知青精神诱导，教育一度昌盛，人才济济……"

一、六路通四县，恩施宣鹤建

在恩施市东乡五乡镇中，沙地的位置居中。这个小镇得名于当地特有的一种形似黑色砾石，被当地人称为沙子的矿物质，后来在此形成的集镇也被习惯性命名为"沙子地"。这种沙子据说是含硒量极高的一种矿石，也是后来沙地乡

清江支流巴溪河（近）与景阳河（远）与清江交汇处，可见水低岸高，为高原、群山耸立地势（恩施州摄影家协会供图）

成为"硒源"中心的佐证之一。

沙地乡域东、西部是清江的两条支流巴溪河、龟山河,对岸分别是建始县的花坪镇与恩施市的三岔镇;北部与入蜀陆路交通要津的崔家坝镇(古江南古道,今天的318国道及沪渝高速公路的必经之处)相邻;南境则隔着清江干流与新塘、红土两乡相望。沙地全境遍布多个时期的历史遗迹,史志中有关其山水、寺观、古迹、人物、兵事的记载颇多,是历史文化的"聚宝盆"。

沙地乡域北部的高山叫作"龙角山",得名自一座酷似龙头的山峰。这座高耸的山脉属巫山山系,发脉于巴东绿葱坡的"江南支脉",自西北向东南延伸至沙地,与东部建始花坪的高原虽隔着一条巴溪河,但仍是一脉相承。沙地南面隔着清江,与龙角山相望的是武陵山北上余脉的椿木营高原,属今天的新塘、红土两乡,在清代"改土归流"之前已经是"武陵土家"的地界。

沙地目前已知的建制沿革始于明代。清代"改土归流"前,由于清江一直在不自觉中充当着"土""汉"势力的"界河",江的北岸一直是以一种"边防要地"的角色存在。像沙子地,历史上就是一个有名的军屯寨堡,居民也多为外迁而来的汉族军户。后来由于清江两岸四方各类贸易的往来,交易场所逐渐固定在此,沙子地才形成集镇,被赋予了更多的商业功能。

沙地乡的龙角山上俯瞰清江河谷的景象

流经沙地的清江，对面是新塘的五堡山，已经属于武陵山系北上余脉

沙子地商贸集镇的身份，最早出现在明代早期。据1990年《恩施市供销商业志》记载："明洪武二年（1369年）至崇祯四年（1631年）的262年间，本市农村集场，仅有市城东、东北的崔家坝、沙子地、麦子塪、龙马、沐抚5个。"其中沙子地、麦子塪（现麦淌）都位于今天沙地乡境内，在那个"重农抑商"的时代，足可见这里的商业贸易的繁荣。

该书还记载："清康熙五十一年至清末的196年间，本县农村大小集镇的贸易市场有52个，东有七里坪、莲花池、三岔口、丫沐峪、三里荒、天生桥、新塘、保水溪、花被溪、石灰窑、水沙坝、双土地、响板溪、河水屯、鸦鹊水、崔家坝、黑湾、沙子地、麦子塪等。"民国时期，东部关闭的有莲花池、丫沐峪、天生桥、保水溪、水沙坝、双土地、河水屯等集场，兴起的有熊家岩、龙凤坝、茄子山、花被、茅湖塪、黄泥塘等9个集场。

这些记载告诉我们，沙地乡的沙子地与麦子塪（现麦淌）作为贸易集场至少存在了600年，后起之秀的花被老街也有着悠久的历史。

沙地商贸活动的繁荣得益于过去水陆交通的发达。清江作为人类走廊的历史延续了几千年，流域内的水陆交通功能也早早被人们利用。由于这条江流的水运多为下行，为方便回程和对水运功能的补充，沿江逐渐形成了一条陆路通道。虽然很多时候，这只是供排工和村民通行用的小路，但由于向东总能贯通至楚地，也就逐渐发展成为连接荆楚与古施州之间的重要人行通道。

清代早期的"湖广填四川"以及清末与抗日战争时期的两次"川盐济楚"带来了贸易的发展，贸易的繁荣使得这条道路最终成为施州至荆州的古大道，更是促成沿途各个商业集镇形成的重要因素。

明代早期，沙子地形成集场时，一江之隔的新塘与红土两乡大多还是蛮荒之地。清改土归流后，随着"湖广填四川"移民的大量迁入，清江以南原属土司的地界逐渐被移民们占据、开发，恩施市、建始县经过沙地乡、红土乡至鹤峰县一线的道路系统随之完善。沙地乡成为峡江一线各个口岸的货品、食盐南下鹤峰县的必经之地，交通区位优势进一步显现。

清末的沙地乡境内，共有六条人行大道连接恩施、宣恩、鹤峰、建始四县之间。东西向的施荆古道，南北向的云（阳）巫（山）鹤（峰）古道以及宣恩至建始的人行大道等道路在此交会，自沙地道路分出三个方向：向南由楸木村渡过清江可抵新塘，继续南行就是宣恩椿木营；沿施荆古道继续东行可到花被、落都村（中国传统村落），过巴溪河后便是建始花坪；向东北经过神堂（湖北省民族特色村）、麦淌过鹤峰口（火峰口）可达建始红岩寺——江南大道（施宜古道段）沿线重镇。现在沙地乡的大马驿、黄草坡、人山岭、木渡潭、鹤峰口、麦淌、

黄广田修路碑　　　　　黄广田举人碑　　　　　黄广田举人碑

老渡口、落都、车河、黄家垭、鱼滩口等地，都是那时流传至今的重要交通要点。

贸易的兴盛带动了长江—江南古道沿线鹤峰乃至湖南方向各类物产的流通，促进了沙地集镇的进一步发展，沙地也因此由一个军屯小村落真正转型成为一个贸易集镇。清朝中期至民国，当地便已有了"六路通四县，恩施宣鹤建。成都购商货，云阳换食盐"之说，足可见这里区位的优越。

清同治五年（1866年）丙寅岁十二月十一日立，黄广田狮子山朱真榜（1723—1792年）墓志铭载：予祖以国子监充盐商，往来成都，中间自建邑徙恩施，经营勤苦创业颇广……由建邑取道至成都往返数千里，其间岩跌隐蔽，波涛汹涌，舟行上下，命与造化争权，又况，盐事至重，受官司，纳官课，商人射利，名巧为售，而脚夫船户奸巧百出，此非读书明世务，达权变，孰能履险若夷，持重若轻者乎……足以证明当时沙地商业贸易的发达。

二、沙地老街

今天的沙地集镇，就是史料中经常提及的"沙子地"，现为沙地乡的政府驻地。沙地老街是恩施市东乡最早的商业集场之一，数百年来，一直是恩施市东乡重要的商业场所和行政中心。

沙地老街

沙地老街始于明代，但现存的主要历史建筑、诸多历史遗迹，多形成于清代，尤其是在清代改土归流一直至1949年中华人民共和国成立后的一段时间里。

据1990年《恩施市供销商业志》记载："沙子地，最早由孟氏开发，洪武十三年（1380年）黄姓建集"，"30余户，2、4、6、8、10为场期"……相传，元末明初，孟姓最先迁居此地，在今天集镇东北角的位置修建草房，开荒种地。几十年后，茅屋发展到十几栋，周边田亩规整，当地人称为孟家老屋。明洪武年间，黄姓迁居至此，在今集镇中心处修建房屋。经过几十年繁衍生息，黄家人口超过孟姓，产业众多，成为沙地大姓。

清代"改土归流"之后，沿清江而行的施荆大道逐渐开通并形成规模。人口的增加促进了盐业及其他商贸活动的兴盛，带动了长江、江南古道沿线与鹤峰之间各条商业线路的发展。清代晚期与抗日战争时期，两次"川盐济楚"，很多楚地商人迁居到此落业经商，又进一步刺激了当地商业实体的发展。到20世纪40年代，沙地老街已经形成一条整齐的直街，有20多家经营食盐、土布、烟酒、小百货的店铺，四川、湖南、荆州等地客商常来往于此。

沙地老街见证了恩施市东乡清江沿线几个世纪的发展。最兴盛的时期街道的规模长达六七百米，并在旁边分出若干长短不一的横街。中华人民共和国成立伊始，老街曾毁于大火，现存的200米古街是1952年人民政府组织重修的。虽然也都是木结构的传统样式建筑，但风格却相对统一，往往多间联排，立面统一，与旧时以家庭为单位修建的单栋建筑个性化较强的氛围有着明显的不同。并且，重修街道已经有了那个时代社会主义新农村的设计思维，具有强烈的"供销社"风格，极具中华人民共和国农村集镇建设的时代范本意义。

沙地另外一处比较有代表性的历史遗存是沙地天主教堂，这是清朝末年西方文化"侵入"中国西部山区的一个最好例证。清光绪十五年（1889年），德国传教士在沙地开设天主教堂，一直维持经营到1949年中华人民共和国成立。现存的教堂是恩施市唯一一座原貌未变，并有着重大历史事件背景的西式教堂。

历史上，这座教堂的用途几经变动。最开始为纯西式教堂，仅供宗教活动和传教士居住使用；中华人民共和国成立后被政府收回，改为沙地乡政府的办

沙地天主教堂

公场所；之后变更为乡政府宿舍、会议室等；现已经空置，列入省级文物保护单位，原址保护。

  沙地天主教堂的设计风格可谓"入乡随俗"，既拥有着西方建筑的元素，又有着中国传统建筑的设计风格。建筑整体布局为三合院式，正门朝北，门顶造型样式采用了类似"汉阙"样式的装饰结构。东侧为礼拜堂，单层，外立面门窗应用了大量西方新古典主义装饰符号。南侧与西侧为办公与居住用房，二层，主体为砖石结构，内部为木构。主要建筑屋顶均为悬山顶式，庭院比例约为2：1。

建于1958年的沙地民族大礼堂

沙地集镇另外一处比较有代表性的历史建筑是位于老街西侧的民族大礼堂。这座公共建筑始建于1958年，是中华人民共和国成立后东乡修建的第一座，也是现存唯一一座礼堂。可容纳多达1000人，是20世纪90年代以前沙地人开会、观影、娱乐的主要场地。建筑平面呈"T"字形，前高后低，保存完好。整体设计风格是那个时代流行的仿苏样式，但细节的处理上，又使用了许多当地民族特色的元素，如屋顶为歇山顶式，屋顶中间为二龙戏珠，是土家族最传统的屋顶样式做法。该建筑目前已经空置，但因其明显的时代特色和独特的设计风格而具有很高的保护价值，现已被列入恩施市文物保护单位。

三、花被老街

沿施荆古道继续向东，是花被老街，现为沙地乡花被村村委会所在地。

花被村是沙地乡下属的一个行政村，地处清江左岸，背靠龙角山，面临清江画廊，海拔890米，视野开阔，地势平坦，交通便利。花被村位于沙地乡的中部，东与楠木接壤，西与秋木相连，北与神堂交界，南与新塘相望。花被老街西距沙地乡集镇5千米，北距麦淌10千米，东至向燮堂故居及墓地2千米，南距清

沙地花被老街

江河4千米,是通往全乡的交通枢纽。

全村国土面积15平方千米,耕地面积8800亩,呈低山、二高山、高山三级台阶分布,平均海拔850米。村庄土壤肥沃,气候温和,资源丰富,适合各类农作物生长。村内拥有小酒厂3个、特种养殖基地一个、"150模式"养猪场5个,有中心小学一所、教学点一个、卫生室一所、便民服务室一个、小集镇一个,富硒茶叶面积2000亩。

花被历史悠久,在上古时期已有人类活动,距今3000多年的须须沟商周遗址就在其村委会上游方向的清江河谷之中。境内除了施荆古道上的农村古集市花被老街外,还有龙角大峡谷、天生石门等自然景观以及白莲教起义的遗迹白岩寨、亭子楼、天主教堂、石拱桥等历史遗存。

地处危崖之上的白岩寨

白莲教起义:《恩施县地名志》(1983年版)记载:"明洪武年间,白莲教起义军西进四川,途经此地,见此岩壁险峻,固守有利,自然形成'一夫当关,万夫莫开'之势,即在绝壁下安营扎寨,并从岩壁下半部凿出一条宽约3米、长750米的横路堑壕,派兵把守,控制东、南、西三方,可谓'屏山高万丈,自古兵家邦'。因岩壁为白色,人们称之为白岩寨。"

花被老街是恩施市农村集市发展的历史记忆之一，完整保留了明清及民国时期的古集市风貌。《恩施市供销商业志》记载的从明洪武二年（1369年）至民国时期东乡的商业集场老街中，花被一直"榜上有名"，直到今天，依旧是沙地乡重要的商业集场，每逢"场日"，热闹非常。

花被村最早的居民是明洪武年间迁入的黄氏家族。相传其刚来此地时，正值春暖花开，龙角山山坡上开满百花，好似一床花被面，故命名之。

花被原来没有街，最早是清代中晚期在距花被老街300米处有一个小寨子，名叫花被村坊，为周边物资交易点，也是官府设立的社仓和驿站的所在地，施荆古道从村坊中穿过。清同治《恩施县志》记载，沙地境有花被、落都、人山岭三口社仓，花被社仓即位于此地，现还保存有部分老房屋、石板场院等遗存。村坊是花被集镇老街的前身。

花被老街真正形成的时间是在民国十五年（1926年），当时因为商贸活动的兴盛和发展需要，由花被团首谭述雍倡议，向衡丰、孙步云、孙连吾、朱同义、向光从、向镜成、谭承泮等10位股东入股置地，统一规划，划段到户，分户建房，形成一条呈东西走向长100米，宽5.5米的直街和长50米南北走向的横街。街道建成后，各股东还凑钱请木偶剧组上街演出，以乐庆典，这是花被老街的雏形。街道后来有所增建，分为上街（东街）和下街（西街）。后来因为几个股东沾染鸦片烟毒，将家财败光，整条街上除了谭承泮的两间房屋，其他都被团首谭述雍收购而去。花被老街因此也变成了"谭家街"，谭述雍也因此成为当地一霸。

至1938年，花被已形成逢农历单日的场期，商家多为当地的富户，亦农亦商，以农为主。第二次"川盐济楚"的商道与抗日战争大后方通往前线的道路均路过花被，直接促进了花被老街规模的扩大。当时的老街南北两头设有谷行，谷行头场在南头，下场在北头，猪行设在街东头。街上有商铺5家，主要经营本地手工业产品，如铁器、铜器、陶器、竹器及金银首饰等商品，四川、汉阳、荆州、湖南等地客商也到此推销商品。此外老街还经营栈房（客栈）、饭铺，是频繁往来的客商、力夫、骡马队的落脚之处。饭铺饭菜多为苞谷饭、合渣汤。若客多，栈房供人歇宿的铺盖被褥还需向街上其他商家租用。

花被小学亭子楼建于民国年间，高三层，在湖北省遗留的大型亭子楼中几乎算是孤例，亭子楼柱础精美，结构雄浑有力、出挑深远，其内部结构完整，有很高的历史研究价值

　　花被在过去虽是偏远之地，但重文风，很早就有私塾授课。民国二十六年（1937年）老街扩建后，团首谭述雍拿出三间房屋建起新式学堂。民国三十二年（1943年），恩施市北乡龙马人宋鸿兴任花被乡长，组织民众有钱出钱，无钱出力，将街南边一个山包打平，重建了学堂。学堂是恩施市东乡较早设立的一所新式学校。后因为房屋的重建，大部分原有建筑被拆毁，仅遗留"抱亭"一座。

　　现在，沙地人总是津津乐道于自己乡里的教育水平，除了沙地教育有着悠久的历史外，另外一个重要的原因是：中华人民共和国成立后，前来沙地乡的知识分子和知青共同努力打下了坚实的基础。过去很长一段时间，沙地的办学质量之高使得周边几个乡镇的学子们趋之若鹜，以考上这里的学校为荣，甚至清江对岸红土、新塘两乡的学子都会翻山过河前来求学。

20 世纪 80 年代，花被街东北逐渐形成沿公路聚集的局面，老街铺面经营逐渐减少，只有几家商户经营小商品和手工缝纫作坊。逐渐禁止机动车辆通行，改为人行街道进行保护，老街西半部分保存较好，还是原有的格局，古巷木屋，让人感受到一种苍然的古老，这里成为恩施市传统集市的活态标本之一。

四、落都村

沿施荆古道继续向东，临近巴溪河，是中国传统村落落都。这个不起眼的小村落很可能便是清同治《恩施县志》记载的"落渡"——当时沙地境内三口社仓之一，那时的"行政级别"与沙地和花被等同。

施荆古道在落都与始自建始沿着巴溪河南下的古道相遇，向南渡过清江就是红土乡，而继续向东渡过巴溪河便是建始县的花坪镇。因此，落都也是一个古道要冲。

落都以优美的河谷风光和高落差的梯田景观著称。其地势西、北背靠阴湾岩、大寨岩，群峰耸立；东、南临清江、巴溪河岩坎，悬崖峭壁，全境地形格局呈曲尺形，倒"L"状。境内海拔最高点九盘岩根海拔 1300 米，最低点清江河床海拔 270 米，落差高达千米。试想过去古道上艰难前行的旅人，翻过龙角山后沿着林壑幽美的山坡谷地，直"落"千米，下到清江渡口，是一种怎样的感受。

落都可以追溯的历史也始自明清时代，相传当时第一批迁入此地的为何姓三兄弟及其族人，他们充分利用这里"山有多高，水有多高"的自然条件，开沟引水，依山造田正式开启了这里的农耕文化。

清乾隆年间，来自湖南的郭氏族人以及来自巴东的土家族向氏后裔先后迁入落都，经过百年的发展，成为落都百户大族。除此，另有若干杂姓氏族，居住分散，迁入时间较晚。

最早迁入落都的人户，以挽草为记、挥手为界的方式，划定了自己的田地、

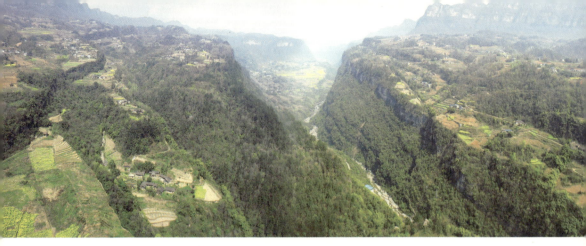

位于巴溪河两岸的村庄，左侧是沙地的落都村，而右侧高山上属于建始地界

山林界限。他们开垦耕种，经年累月开凿形成了大片梯田，旱能灌溉，涝能排水，沿着山势从龙角山的半山直落千米一直延伸至清江谷底，因此，落都之名也有"自天而降的美好居所"之意。

而这些"美好的居所"就是层层梯田之间星罗棋布的各个屋场、村寨。

落都所处的位置很特殊，身后的崔家坝镇、红岩寺镇自古就是入蜀江南古道上的重镇，也是汉文化的重要走廊的核心区域；而隔江而望的红土在土司时期又是武陵土家的边缘地带，因此落都正好卡在"两个文化区域的结合部"。

落都村中有多处传统建筑风格"混搭"，个性十足，最主要的特征是：在恩施市主流木建筑结构的基调下融入了更多的外来因子——建筑形式多样，与地形紧密结合，有着土家族"井院式干栏"常用的"一字屋""钥匙头""三合水""四合水"等灵活多样的布局组合，也有着"板凳挑""伞把柱"等经典结构；同时又从材料的选取、装饰元素等方面搭配着长江流域汉民居建筑的元素，如"垂

 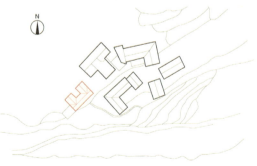

落都村梭罗居向新良宅

花门"与"封火山墙"。多样化的文化元素创造出了丰富多样的建筑格局。

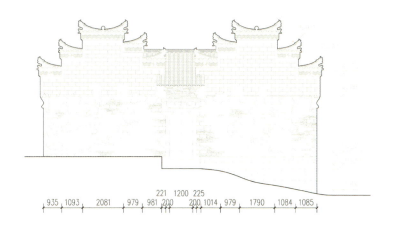

落都村梭落居向新良宅西南立面复原图，可见明显的"马头墙"造型

这种包含了土家族与汉族经典元素的建筑样式，是恩施市文化"和而不同""兼容并蓄"的最好例证。它的使用者除了郭家屋场的汉族移民后裔外，还有世居梭落居的向氏家族。

实际上这种多文化建筑元素"混搭"的案例在沙地还有许多，像沙地集镇上的天主教堂与民族大礼堂都是很经典的个例。当然这也是整个清江沿岸村、

同时出现在落都的"板凳挑"与"马头墙"，
是土家族与汉族传统民居中的两个经典元素

镇传统文化表象的一个"缩影"。清江作为巫山—武陵民族走廊最北端的一条通道，也是中原文化向西部山区浸润的通道，两岸的人们总能够最先接触到最新鲜的外来事物，不管他是汉族的移民还是世居的土家族。

五、历史事件

贺龙兵行巴溪河

1928年12月初，贺龙率中国工农革命军第四军300多人从鹤峰苏区梅坪出发，经宣恩沙道沟、恩施盛家坝，智取利川汪营。12月24日取道恩施太阳河、白杨坪，袭取建始县城，杀死伪县长陆祖赞。再经建始汪家寨、恩施香炉坝，在崔家坝街公审并枪毙恩施县禁烟局长张杰三后，派出先头部队40余人出发，大部队在崔家坝街宿营。

12月25日凌晨，红军队伍趁着朦胧夜色从崔家坝街出发，经过磬潭口、刘家河，进入了火烽口峡谷。在经过干沟前行时，红军队伍遇到了落都的郭德航，请他带路到红土乡双土地去。郭德航带他们在巴溪河岸边行走，帮助红军队伍顺利渡过了清江河。贺军长率领红军队伍从绵羊口、中渡口渡过清江后，上凤凰，历景阳，经红土，过石窑，穿过官店，回到鹤峰苏区。历时月余的游击作战，沿途播下了革命的火种，极大地鼓舞了革命群众同国民党反对派进行斗争的决心和勇气。

（资料来源：《恩施市乡镇街道志丛书·沙地乡志卷》。）

走近

红土乡门户　马尾沟明珠
——红土乡天落水村

一、村庄概述

天落水村位于红土乡西北部,清江支流马尾沟河的下游河谷深处。村落距离恩施市城区 110 千米,距乡政府所在地红土溪村 20 千米,历来都是通往红土溪村的必经之地,算得上是红土乡的门户。该村得名于村中一孤石下海碗大小的小水潭，据说无论天旱雨涝，终年只有一碗水存留，不见干涸也不见溢出，十分神奇。当地人认为是天赐水源，**故命之为"天落水"**。

现在的天落水村是红土乡下辖的一个大行政村，2012年"合村并组"后由天落水、铁场坝、马路口、马家湾、董家河、马弓坝、大坝、郭家坝8个自然村落组成的，全村国土面积16平方千米，1134户，户籍人口3448人，耕地面积6195.22亩，人均耕地约1.8亩，林地面积10700亩。（天落水村村委会2017年数据统计）整个村域位于清江支流马尾沟河的东岸，与新塘乡的下塘坝村临河相望。

全村以董家河—铁厂坝一线为界，分为南、北两部分。北部大坝坡度较缓，土地肥沃，大部分的人口和耕地分布在这个区域；南部河谷地形随着沟谷走势逐渐变窄，山高坡陡，群峰耸立，溪水深流，只在河谷深处临水的地方或者山间散布着村寨人家。

马尾沟是清江的一条普通支流，这条河的源头位于椿木营"高原"腹地的白岩溪（同时也是酉水的源头之一），全长超过40千米，由南向北在红土乡乌鸦坝村注入清江水布垭库区。流域内自然环境优越。

马尾沟汇入清江处地形呈一个"葫芦口状"

如同清江中下游的很多支流一样，马尾沟的上游地势相对平缓，是典型的高原丘陵地带。进入上游鸡龙洞河后，河道下切形成沟谷。自中游横拦溪开始，山形地势急转直下，已是落差近千米的高山峡谷地，最窄处新塘乡阴沙潭河道宽不足50米，两侧山体垂直高度足有三五百米，是一处典型的"一线天"地形。再向南，进入天落水村的时候，两侧谷地又突然变宽，坡度逐渐变缓形成大坝，由多层土地肥沃适于耕种的台地构成。而到达乌鸦坝村马上汇入清江的峡口位置，峡谷又突然收紧变窄，两岸壁立千仞，垂直90度。落差数百米高、绵延数千米的悬崖，许多巨大的洞穴开口在云雾中若现，雨量大时便会涌出一道道瀑布，与水布垭库区宽阔、碧绿的高峡平湖景象相呼应，形成了一道壮美而又不失秀丽的精彩风景。

马尾沟中上游蓼叶河段与下游天落水段的山水风光对比，可见两岸山势坡度变化明显

优越的地理环境造就了天落水村山水环绕的气质，众多山峰将村域围起形成一个"壶天结构"地形。四面山势险峻，以沿东侧崖壁依次排开的五座山峰最为秀丽高耸，有"五虎赶羊"之称。村域北侧临近库区岸边的姊妹树（雌雄树）每年轮换开花结叶，连峰山岩里的父子石奇峰林立，猴子坡的猿猴祈福。向南则有三十六湾奇峰相环，重峦叠嶂。庙岭、祖师殿曾香烟辉煌繁衍，骡儿坪的

金线吊葫芦、飞猴望月，宝塔岩的祖孙寻宝，大茶园红豆杉旁的晓曦晨月，韵味别致，羊角山、悬棺岩别具风趣，青龙大坝的峡谷一线天、墨汁盔瀑布在朝晖夕阴的映衬下，一观有流连忘返之意。向西远观对岸，香炉蜿蜒，五指神峰等美不胜收，大自然的鬼斧神工，辅之以特色民居土家吊脚楼陪衬，造就了天落水村丰富的自然和人文景观。

二、天落水村简史

　　清江是武陵民族走廊最北面的通道，也是长江流域汉文化与土家族文化触碰的前沿。清江以北的众多支流连接着长江流域，南面的支流则深入武陵腹地，为不同民族之间的交流活动提供了天然的通道，马尾沟就是其中之一。

　　清代"改土归流"之前，红土乡是容美土司（司置位于今鹤峰县）辖地，据《康熙皇舆全揽图》所示，此地为"白燃荒"；西面的马尾沟对岸，也就是今天的新塘乡，则被称为"莺觜荒"，属东乡土司（司置位于今天宣恩长滩河镇的东乡村），是少有人烟的无主荒地。那时的马尾沟相当于两大土司之间的界河（"改土归流"之前，各大土司之间征战连连，势力范围时有变动）。

　　在"湖广填四川"时期，马尾沟由于深入容美土司腹地，因而成为长江流域与鹤峰乃至湖南移民流动的重要通道之一。而位于马尾沟与清江交汇处的天落水村，自然成为清江沿线多民族百姓相融合的焦点之一。

　　现居天落水村百姓的起源分属不同的族群，可归为两大部分：

　　一是在此居住至少千年的古巴人后裔，他们是土家族始祖之一，当地不折不扣的"土著"。清江以及支流的河谷地带是他们的世居之地，只是由于年代久远，这批居民的家族历史暂时无法考证。

　　二是不同时代的移民。当地有记载的早期移民落业于此已超600年，但实际上的移民历史肯定更早。如董家河的董氏家族，因迁入较早，已经融入了当地的土家文化，并通过与当地原住民之间的交往、通婚，深染巴人尚武意识与剽悍的民族个性。数量最多的则是距今300年左右清代"湖广填四川"时期的移民，发展至今占据了村庄人口的大多数,如铁厂坝纸厂院子的程氏家族。(附注:据《程家族谱》记载,天落水村程家始祖"(程)万裕公(于清咸丰年间)始迁施南恩施东乡马尾沟上七寨,落户二塄竹园水田,万裕子世魁号登甲公落业程家纸厂后,裕公回老家武昌府咸宁小寨堡程家湾。由此可见,天落水村程氏发源于咸宁,于清咸丰年间迁至天落水村,繁衍至今。)此外还有马弓坝的张家和刘家,马路口的秦家、商家等都在那个时间段移居天落水村。这批民众的迁入为天落水村成规模的开发注入了大量人力资本,也为当地传统农耕经济的发展奠定了基础。

程氏家谱与程氏先人恩施县秀才及第的试卷

其实,通过各姓家族居住的海拔高度,就可以分析出他们的族属渊源与迁入时间早晚。巴人以及后世的土家人属于最早期的居民,因善渔猎,喜欢逐水而居,世居近水不邻水的清江河谷。而且低海拔的区域更适合水稻的生长,当

从天落水村半山的程家纸厂院子俯瞰马尾沟河谷的董家河。程家是湖广填四川时期的移民后裔,而临河的董氏家族则是已经拥有了巴人血统,融入当地土家族的早期移民。从两个家族所处的海拔位置便能看出迁入的早晚

地的原住民与早期移民,自然先将这片温润肥沃的土地占据。而且土家人勇武,这就使晚期迁入的人们只能在海拔较高或者河谷的更深处"挽草为界",另辟居所与土地。

清代"改土归流"之后,施南府与鹤峰州的联系加强,两地之间的道路系统日渐完善。马尾沟两岸的红土乡与新塘乡各有一条人行大道直达,是长江流域的商品、食盐经鹤峰县向湖南一线运送的重要通道。途经红土乡的就是著名的施鹤大道,自恩施市经三岔口、新塘、红土与石窑等地抵达鹤峰县,全长225千米,是在川盐古道的基础上形成的"湘鄂大商道"的重要组成部分。天落水村清江入口处"姊妹树"自古就是容美土司与施州辖区的边地驿站,以红土乡门户之便,首当商道要冲。周边新塘乡、沙地乡及建始县等地商人在此收购土特产,人声鼎沸,生意兴隆。

历史上天落水村生产漆树与茶叶("马弓坝的漆树,小茶园的茶"),曾是当年相遇周边的著名品牌。据《红土乡志》记载,直到20世纪中叶,马弓坝漆树

茂盛，家家户户均以割漆、收漆为主要经济来源。当年有一棵腰围达2米的漆树，挺拔高大，曾开口98个，年产生漆21千克，一时间成为马弓坝人的骄傲。马弓坝的复叶长生漆享誉中外，可以与利川的坝漆媲美。只是后来由于交通改道，马弓坝山大人稀，生漆市场前景黯淡，这个曾经让整个红土乡为之自豪的特产也逐渐被人遗忘。

　　天落水村独特的地理环境，山水地势、气候条件都比较适合茶树生长。尤其是小茶园的茶独具特色，当地人叫绿斗茶，是非常地道的绿茶味道，20世纪50年代被中国科学院取本鉴定为优质茶。其炒制的工序，是以手工辅以小型机器，不添加任何物质。茶胚纤细墨绿，汤碧色青，清雅悠长，清香中略带苦味，"手工炒制，自然况味"。更为奇特的是，这片茶园一共不超过90亩，全部背靠大山，面向河谷，超出那个范围的茶，不论怎么加工，滋味都有缺陷。

天落水村的茶园

第二次国内革命战争时期,贺龙建立了以鹤峰五里为中心的湘鄂西红色根据地。红土乡位于根据地的边缘地带,是红色政权活动的重要区域。1930年1月8日,贺龙的姐姐贺香姑、红四军第一路军师长王炳南率红军战士行军190华里(95千米),于9日凌晨进攻红土溪村,一举歼灭红土团防武装100余人,击毙团总赵金轩,缴枪近百支,随即成立中华苏维埃红土区政府。红二方面军程海波部与国民党团防傅卫风部曾交锋于天落水村。

附注:

程海波,恩施市红土溪人。民国初年,军阀与当地团防、土匪勾结,派捐抢粮,杀人烧房。乡人迫不得已,纷纷设坛组织"神兵"自卫。程海波和好友余栋玄于1926年夏秘密设坛于董家河董会臣楼上,程海波自任坛主,余栋玄任教练,信徒近百人。1929年1月3日,程海波加入贺龙的红军队伍。6月13日,程海波率红军100余人,到建始双土地拟惩办团总刘治武。不料刘治武早有准备,程海波遇袭壮烈牺牲。

(资料来源:《恩施市乡镇街道志丛书·红土乡志卷》。)

三、天落水村的传统村落

河谷地带优越的资源与古道要津丰富的人文环境滋养了天落水村的农耕文明,也孕育出众多地方特色、民族风格强烈的传统村落。天落水村现存的传统建筑数量占村庄建筑的60%以上,并且有多处集中连片的古村寨。

这些以家族为单位的寨子多形成于清代"湖广填四川"之后,因为形成的时间不长,规模也不大,但就风格而言,却是土家味道十足。天落水村虽然距离清江干流不远,但马头墙之类的汉文化建筑元素几乎无处可寻。村庄内的传统建筑几乎都是清一色的木构建筑,除了中华人民共和国成立后修建的一批样式较新外,建造时间较早的几乎都可以归类为土家族吊脚楼。

走近

马弓坝的河流地势。河湾如同拉满的弯弓，当地人形象地将此地命名为"马弓坝"

这其中，马弓坝组是一个最典型的代表。这片老寨子位于村庄南部，马尾沟峡谷的深处，河流的连续拐弯处。这里的地形与村域北部平缓的坡地有所不同，两侧山势陡峭，百转千回，河谷逐渐变窄，河湾众多。最大一处河流转弯之处可达360度，如同一张拉满的弯弓，当地人形象地把它命名为"马弓坝"。

从行政区域划分上来看，马弓坝组只是位于马尾沟东岸天落水村的一个村民小组，包括刘家院子、张家院子两个家族式的"古寨组团"。

马尾沟划分了红土与新塘两乡，与天落水村隔河相望的是新塘乡的下塘坝村，马尾沟的对面则是下塘坝蒲塘组一个叫廖家屋场的小寨子，另有散落山间的多处单栋吊脚楼。

隔河相望的吊脚楼形成对景效果，为这个鄂西大山中普通的山谷增添了不少的人气。木楼幢幢与山色融为一体，在曲转河流的映衬下多了几分灵动，各种景致交融在一起，相得益彰。村寨四面群山环绕，溪涧纵横，林木优美——东有冲天岭，南有高峰尖，西有飞龙六河（马尾沟支流），北有宝塔（山）坐镇——沿河农田星罗棋布，山坡泉水长流，草木葱绿，东岸半山处一棵二百余年的红豆杉古树立于山头，见证着两岸古村落的岁月变迁。

沿着马尾沟河由南向北、由北向南两个方向观察马尾沟河谷,是一片谷脉交融的风水宝地

天落水村马弓坝组的"张家院子"(近)与河对岸新滩乡下塘坝村的廖家院子(远),隔河形成对景,相得益彰

这片地跨马尾沟两岸,涵盖两个乡、两个行政村的传统建筑群遗存50多栋。村寨背山面水,顺应地势沿等高线依次排开、层叠分布。建筑以穿斗式木结构民居占大部分,有多处四合天井和"撮箕口"大院,少部分建有石制墙面围合,大多为木门、木柱子、木墙、青瓦,翘角飞檐的"纯木制"建筑。正房、耳房、龛房,相对独立却又屋屋相扣,吊脚楼下多为猪栏牛舍,具有浓郁的土家族特色。

天落水村的张家院子是这段河谷中规模最大的老寨子,传统格局最完整,传统建筑较集中,而且单体体量较大,存有两处不规则的四合天井大院,多处三合水"撮箕口"吊脚楼。除了西侧道路沿线与寨中三栋现代建筑,以及部分传统建筑的局部加建部分,外观和形制与历史风貌冲突较大外,整个古寨风貌古朴、古韵十足。

廖家屋场则位于河对岸新塘乡下塘坝村,与张家院子隔着马尾沟河南北相望。由于坡度较陡、地势稍险,廖家屋场只能顺沿河的古道一线布局,层次感不如张家院子丰富。建筑组群南侧为山林田地,北侧西侧为河流水系,建筑单

马弓坝组的张家院子,有多处规模较大的传统建筑

体大多为穿斗式木结构干栏式建筑，沿东西向展开，横纵交错排布，之间形成公共空间或院落，整体保存完好。

马尾沟对面与张家院子隔河相望的廖家屋场

马弓坝百姓是历代移民的后裔，但从其建筑风格上来看，已经融入当地土家族

两个寨子的两个家族都是外来移民,只是定居此地的时间相差了近三百年。

天落水村的张家是湖广填四川的移民后裔,祖籍湖南,迁入恩施市后分为多支,现居屯堡双龙村雾树吼组的家族就是其中一脉,祠堂庙号都是"清河堂"。而下塘坝廖家元代就已经迁入,据廖氏家谱记载:元顺帝元统二年(1334年),恩施市廖氏进山始祖敬智公由陕西邠州(今邠县)石码头举家迁徙,先落业宣恩县椿木营海涯坝里,后迁入恩施新塘双河横栏溪,迄今已有682年的历史。结合当时的社会环境分析,廖氏家族极有可能是为避祸而逃入土家族地区的汉族移民(当时的椿木营地处土司腹地)。他们像天落水村董家河的董氏家族一样,早已融入当地土家族,并在融合的过程中拥有了巴人的基因。(资料来源:《新塘廖氏宗谱》)

旧时,马尾沟河谷两侧都有盐道,分别位于东岸二层台地之上和西岸沿河的位置。马弓坝后山台地之上的盐道随着山势而动,曲折回转,当地人称之为"三十六垮"。沿途还留存着过去的"指路碑"、杨泗将军庙等遗迹,诉说着古道曾经的繁华。两条盐道的具体路径暂不能细考,但理论上沿马尾沟南行就可以直达宣恩的椿木营,进而到鹤峰再通湖南,这是马尾沟作为人类走廊的最好证明。

马弓坝组东侧山势呈"台地状",二层台地上就是三十六垮古道

三十六垮古道遗迹与指路碑

附注：

杨泗将军，亦称杨四将军、杨家四爷、斩龙杨泗将军，是最初源于湖南的民间道教水神，目前广泛信仰于长江中下游地区。明清时期的"湖广填四川"人口迁徙运动逐步将该信仰向周边传播。包括四川、云南、广东、甘肃和陕西南部地区，传说其能斩除蛟龙，平定水患。随着岁月的流逝，民间道教更将其作为除妖斩鬼的一位重要尊神。

下塘坝的蒲塘依山势排列的村寨、梯田鳞次栉比，颇为壮观

实际上沿马尾沟两侧分布有大量的传统村落。就传统村寨的数量与规模而言，新塘乡下塘坝船舱、蒲塘两个小组的数量更多规模也更大，只是由于不同的行政区域中，领导的重视程度不同，导致保护的手段也不尽相同。一个完整的小流域内，景观通廊受行政区划限制而无法完整呈现，相关规划也只能局限在某个特定的区域内，十分不利于传统文化的保护。

四、天落水村采茶歌

天落水村属低山区，风景优美，气候宜人，盛产茶叶，从古代开始就是优质茶叶的产地。村民多以种茶采茶为生，由此孕育了土家族特色的采茶歌。采茶歌多是村民采茶劳动时歌唱，原为土家族青年男女交流感情、谈情说爱的工具，后发展成农闲时放松身心、自娱自乐的活动，加之用土家族本土语言歌唱，朗朗上口。

采茶歌多口口相传，在耳濡目染下传承，歌曲共四十余首，原有歌谱已失传，但村内仍有几位老人能全部演唱，现全村 60% 以上的村民都能唱几首完整的采茶歌。

由于村内年轻劳动力流失，传承困难，会唱采茶歌的人越来越少，这一非物质文化遗产处于濒危状态。

双龙连三山　小街雾树吼

——双龙村雾树吼

雾树吼是恩施市西部的一个小聚落、屯堡乡双龙村的一个村民小组，是"巴盐古道"文化线路上一个不起眼的小街场，也是一个典型的家族型村落。而今，这里依然遗存有较好的传统风貌格局、亦商亦农型的村落肌理，还有一座恩施市少有的、完整的家族祠堂。

屯堡乡双龙村地处恩施市西部与利川交接处，距城区50千米，与本乡的鸦丘坪村、新街村、罗针田村、车坝村以及白果乡的乌池坝村、油竹坪村相邻，这里民风淳朴，气候温和，广聚人气。现有的双龙村为行政村级别，由原来的4个小村合并而成，全村平均海拔1000米左右，土地面积32.3平方千米，下辖9个村民小组，有农户1004户，总人口3461人，有耕地2974亩。全域山林茂密，阳光充沛，土地肥沃，水源充足，适宜各种农作物生长。（双龙村村委会2018年数据统计）

双龙村位于恩施市正西一条东北—西南走向的峡谷之中。从地理区位上来看，这条峡谷正处在巫山山脉与武陵山北上余脉以及大娄山余脉的过渡地带，东南是恩施市白果乡的高山，西北则是利川团堡的高原。峡谷落差最大处可达千米，东北端的出口正好连接了著名的恩施清江大峡谷，与恩施清江中上游峡谷群有机地融为一体。双龙村便是因两侧山势并列连绵，如同两座巨龙而得名。

峡谷中河流名曰车坝河，是屯堡人民的"母亲河"，自西南向东北流经屯堡乡大半区域。其上游正式发源于白果乡见天坝村北岩山的火石溪，流经白果两河口后由乌池坝进入屯堡后为甘名溪，在临近罗针田坎家村的车坝河被一人工

双龙村雾树吼位于车坝河双龙峡谷之中，也正位于恩施市至利川市的两条古道的连接线中心位置。在明清时代，这也是连接施州卫市郭里两个编户单位的重要道路

大坝拦腰截断，形成"一坝锁两山，高峡出平湖"的一级水库靓丽景观。一汪清水左倚猫儿山，右托雨笼坝，在葱郁的青山掩映下储存一弯清凉和纯净。

一级水库下游是318国道，这条横贯中国东西的著名公路要想沿着清江前行爬升至利川的高原，必须先翻越车坝河所处的这条峡谷。

318国道在一个叫猪嘴岩的地方转向西南，沿车坝河岸一条曲折蜿蜒的水泥路上行，穿过学耳壁。发源于石板岭下垮岩湾的射渡河顺着山势在一个叫水柳坝的地方进入甘名溪。溪河交汇的岔口，一座形似五角星的山体陡然插入河湾，与对岸的白龙坝遥相呼应、相互挤压，让甘名溪在此放缓流速形成一个漂亮的倒"S"形大回环，回环间的五角星山体上是一块大平地。平地上鳞次栉比地分布着十几栋土家吊脚楼，便是雾树吼。

雾树吼现在为恩施市屯堡乡双龙村的一个村民小组，地理位置北纬30°23′41″，东经109°23′74″，海拔高度900米左右，属亚热带季风性气候；一般年均气温16.2℃，年平均降水量1600毫米，冬少严寒，夏无酷暑，雨量充沛，四季分明；小气候特征明显，垂直差异突出，"一山有四季，十里不同天"。

很久以前，这里生态良好，是人迹罕至的原始森林。甘名溪沿河两边古树障目，遮天蔽日，河面上总是迷雾重重，奔腾的河水发出巨大响声，沿着河畔古道而行的路人只能听到巨响，看不到水流。特别是一到晚间，响声更大，大多以为是古树显灵，发出的怒吼声，久而久之，"雾树吼"这个小地名就得以传开并被约定俗成。

古时，这里正好是道路的一个节点。道路在这里继续沿河而行就可以到达白果的两河口，加上前文所述那段始自318国道的旅程，正好连接了两条"施利大道"。（附注：可参考《恩施市南三乡中国传统村镇调查》《恩施西北乡的"都亭里"》两篇文章中的文字描写。）如果向西，经过油竹坪又可以爬升到利川的高原到达利川县城。

这种交通格局的便利自然就决定了雾树吼商业集市的地位。老街曾经是汇集蒲家垭、油竹坪和双龙一带乡民，人头攒动的乡间集场，直至20世纪70年代，街道的大部分毁于火灾。

即便是现在,古村老屋场的基本格局还保留传统商业空间的布局样式,那段往事也经常是老人们茶余饭后的谈资。

雾树吼位于车坝河上游的一个河湾大坝之上,
是一个以家族为单位聚居的小村寨

雾树吼也是一个家族型的古村落聚落,是屯堡张氏族人的族居之地,全村100多户人家,除一家姓何,其余全部姓张。这也是这个老集场与其他许多商业老街的不同之处。张氏始祖起源于安徽青阳清河流域。清河先民在历史上曾多次大规模向外迁徙,族人散落各地。清康熙末年,荆州府江陵县刘家庄一支迁入施州卫屯堡,后落籍此地。

聚落的中心区域,西北两面环山,东南两面望水,甘名溪在此连续拐出多道大弯，山水纵横。中心区域主要由三部分组成，分别是张家老屋场、新院子与张家祠堂，沿着南北方向河岸排布，周围以自然田园环境为主。

雾树吼河畔的古道遗迹，是一处"五尺骡马道"

张家老屋场的布局与鄂西南民居以散布为主的传统村落有着明显的区别，呈一种多栋建筑密集围合的形式，在中间形成一处800平方米左右的场坝；整体呈现出一种"四合天井"的样式，但建筑结构又没有联系。这样的格局除了居住外，又有一种类似东南沿海"客家围屋"那样的防守功能，极有可能是一处"寨堡"改建而来的聚落，在恩施市实属少见。

屋场西北角的两排建筑并列布置，看起来又像是一处典型的商业空间，据说是老街的遗存，但现在已少有商业集场的痕迹。

老屋场的东侧临河处是新院子，从布局上看与老屋场有着明显的分离，一眼就能看出是不同时代的产物。这是中华人民共和国成立后张氏族人修建的"新民居",多为两层,与旧式的木质民居在结构上有着明显的区别。

雾树吼的"新民居"

张氏迁居此地与老街形成的先后次序现已无所考证,只知这个家族迁入时的清康熙年间,施南诸土司还未改土归流,雾树吼与利川的忠孝土司仅有一山之隔。再结合这里的交通位置,张家极有可能是前来驻守的军户。不久后的清雍正年间"改土归流"后,贸易逐渐兴盛,张氏家族占尽了盐道带来的便利,盛极一时。雾树吼老街渐成规模极有可能就在那个时期。

雾树吼老屋场这种兼具防卫与商业功能的特殊结构布局就不难理解了。事实上即便没有土司政权,过去周边山上众多的"棒老二"(土匪)就足以对道路沿线的人们构成严重的威胁,尤其是像雾树吼这样的道路节点。

老屋场的偏东北方向是张氏祠堂,这座恩施市西乡保留最完整的家族祠堂,始建于清代光绪年间,在1906年曾被土匪损坏,在清宣统末年施以重建。虽然张家溯源是汉族,但祠堂的建筑风格已经是纯粹的土家族传统建筑味道——整个祠堂院落为木结构的撮箕口式吊脚楼建筑,现在中间的主体部分为家祠,左右两厢为住宅。主体建筑分门厅、抱亭、正殿三部分。正殿内高台上设有张氏祖宗牌位座龛,左右两侧分别是张氏清河(百忍)堂族训和张氏清河(百忍)堂字辈列表。殿外门楣上悬挂着"清河堂"金字匾额,字迹苍劲有力。

雾树吼张氏家祠清河堂是一处土家族风格,井院式干栏式传统建筑,不规则四面围合,中间"抱亭"体量较大

　　正殿前方是一斗双重檐口的纯木抱亭,中间四根柱子挺立,柱下垫有圆柱磉礅,亭阁两旁是储存消防用水的石砌水池。昂头仰视,亭顶转角处四角翘伸,若飞举之势,形如飞鸟展翅,轻盈活泼,四个飞檐均要高出四周屋顶。这种特殊处理和创造的飞檐,仿佛是一种气流将屋檐向上托举,将整个院落营造出一种壮观气势和土家族传统建筑那种特有的飞动轻快的韵味。

　　张家在当地是望族大户,族长权力很大。以前每逢重要年节,张氏族长都会率领族人聚集在祠堂举行祭祖仪式。

　　随着交通的发达和人们思想观念的变迁,如今的雾树吼已不再是从前那个封闭的小山村,但始建于清末光绪年间的张家祠堂还是穿越百年,向人们展示着一段凝固的历史,是家族那段历史最好的证明。

清河堂院落中心"抱亭",体量大,规格高,是过去张家势力庞大的标志

深山处桃源　幽幽然古寨
——板桥镇新田村鹿院坪

鹿院坪位于恩施市板桥镇西南 16 千米的新田村，是新田村的一个村民小组。这里气温适宜，风景迷人，平均海拔 1700 米，是一块难得的"桃源宝地"。

新田村东与沐抚大庙隔牛尿河而治，北靠板桥镇大木村、板桥社区居委会，西与重庆奉节相邻，南与利川团堡、恩施大峡谷前山村连壤，著名的"一脚踏三县"之地便位于新田村王海坝。全村下辖 4 个村民小组：姚家坪、太平坪、中坝、鹿院坪。全村面积约53平方千米，耕地面积约2989亩。药业、烟、蔬菜、畜牧业是辖区内村民的主要支柱产业。

一、鹿院坪的地理信息

鹿院坪是清江上游一个神秘的地理单元，紧邻恩施沐抚大峡谷。如果从地理学的维度观察，鹿院坪更像一个缩小版的恩施大峡谷，二者的地质、地貌、成因，乃至构成元素都有着惊人的相似，恩施大峡谷特有的绝壁、地缝、瀑布、独峰、森林等众多元素均可在此觅到，且独具特色。

鹿院坪是一个典型的"桃源地形"，自有人在此耕种、经营以来，一直与外界处于半隔离状态，至今仍未通公路。人们进出村落只能步行，需通过被当地人称作"四十二道拐"的山间小道，经过1528级台阶，约三千米行程，从山上中坝桥湾垭口下到谷底，垂直落差达500多米。由于路途艰辛，过去极少有外人进入，当地百姓的生产、生活物资进出全靠人畜背驮，直到中华人民共和国成立后的相当长一段时间，当地还沿用着几百年来的耕作、生活方式。也正因如此，村落中大部分传统建筑可以保存至今，完整呈现了一个颇具地方特色、民族特色的中国传统村落。

鹿院坪峡谷

二、鹿院坪的历史与村落形成

明末清初,因战乱造成四川及相邻地区人口锐减、土地荒芜,再加上"改土归流""湖广填四川",大批原籍贵州、湖南的居民迁居至新田。

裴氏先祖从这段悬崖上攀援而下发现了鹿院坪

据当地人说:湖南常德府桃园县裴科嵩、裴科乾、裴科禄兄弟等人迁施南府恩施县北乡板桥新田。他们试种湖南带来的稻谷种,只开花不结籽,意识到可能地势太高,想找稍低的地方试一试。他们在寻觅中发现深山峡谷底部有片树木葱郁的区域,但无路可去,便在今鹿院坪河坪口悬崖上挂接36匹白布下到崖底,见此处"两侧高山,中间平坦,一河中流,百瀑边悬,气候温润,土地肥沃,古木参天",是一处难得的富饶之地,便有了在此安居、耕种的念头。但回程时,挂在悬崖上的白布被飞虎(鼯鼠)咬断,他们无法原路返回,只得另寻归路。正当给养用尽,一筹莫展之时,他们见一群野鹿沿河向上往今桥湾山崖处攀爬,便随鹿而行,终于登上崖顶。此后裴氏兄弟便顺着回归时的道路凿通道到崖底,在河两岸开荒垦田,试种水稻与油茶成功。于是部分裴姓族人从新田迁居于此，又有朱、周、李、侯等姓氏陆续迁入，共同开拓。为感谢此段因"鹿"结缘的经历，人们将这里命名为"鹿院坪"（或鹿引坪）。

当年裴氏先祖回程之路，后被开凿成为当地人称为"四十二道拐"的山路。旅游栈道开发之前，这是进村的唯一通路

三、鹿院坪的环境

　　鹿院坪地形的"壶天结构"是中国传统道家思想中理想的隐世之地,因与《桃花源记》里的描述相似，也可被称作"桃源地形"。而究其成因，却与远古时代长江上游被山崩阻隔，江水溢流夺清江而下不无关系，它与沐抚大峡谷的形成原因如出一辙，均是亿万年经年累月水流冲刷，地下暗河逐层崩裂而成。

　　如果按《桃花源记》中"渔人"的行迹前行，进入这里最好的入口莫过于中间河在沐抚大庙村汇入热水河的河口。从这里溯溪而上至谷中平坝，恰恰正好是由窄变宽，豁然开朗的过程。当地曾有人这样描述鹿院坪的美景："天坑藏地缝，绝壁生溶洞。峡谷架天桥，瀑布遍山中。虎踞伴龙蟠，鹿角刺青天。"

　　而沿上游的传统路线"四十二道拐"徒步进入谷中，又见四周的山峰奇异陡峭，悬崖如斧劈刀削，山林郁郁葱葱，瀑布蔚为壮观，深涧曲折蜿蜒。溪水清澈透明奔流而下，飞溅起团团水雾，冲击着山石哗哗作响，伴随虫鸣鸟啼，给寂静的山谷增添了无限的生机。

"四十二道拐"沿途景象

中间河是鹿院坪最大的溪流，其源头不详，很可能出于沐抚前山的暗河之中，自鹿院坪出洞后改明溪贯穿整个峡谷。河流上游出口处山崖上有一"老洞子"，

2017年的中间河上游，未流入地缝前的一段相对较平缓

当地老一辈人曾经在此熬制"硝石"。据说洞中有48个大岔、72个小岔，可通往利川南坪。洞内错综复杂，险象环生，千姿百态，有瀑布、暗河、平湖、石笋、石柱，甚至还发现过巨蟒。

谷底中间一段，土地平旷，屋舍俨然，有良田美池桑竹之属，被一条长约1000米，宽约20米，最深处约400米的地缝分为两部分。散居两侧山间的民居院落鸡犬相闻，但村民们要想碰面还需费一番周折。

鹿院坪地缝相比恩施大峡谷云龙地缝较"年轻"。两侧顶壁尚未被磨平，大部分区域还是"瓶口"结构，依稀可见气孔、竖井、钟乳石等地质结构

下到地缝，又见瀑布和深潭，以及天然形成的绝壁栈道。相比沐抚大峡谷的云龙地缝，鹿院坪地缝较为"年轻"，大部分区域还是"宝瓶口"结构，由于地下暗河塌陷时间较晚，两侧残余顶壁还未被流水磨平。地缝岩壁上气孔、竖井、钟乳石等溶洞中的特有产物无处不在。

鹿院坪的最高峰是鹿角峰，如一对刺向青天的鹿角。往下便是暗河喷涌而出的溪流顺着山谷形成的"六级瀑布"（"六"谐音"鹿"）。溪水全部倾入"鹿饮潭"，潭水又汇入中间河，然后经地缝下游峡谷出河口在大庙村汇入牛尿河（沐抚云龙河的一段），完成了穿行鹿院坪的使命。

鹿院坪的最高峰鹿角峰

四、文化遗产

鹿院坪的风景秀丽,良田肥美,屋舍俨然,保留着古色古香的韵味,宛如陶渊明《桃花源记》中描绘的世外桃源景象,是一块难得的风水宝地,也是农耕时代安居乐业的佳选。裴氏兄弟当年便是看中这里可以远离战乱纷争,土地肥沃且易于耕种而在此处定居。

与世隔绝的环境造就了这里朴素的气质,也保留了完整的传统民居建造格局。历史上裴、周、朱氏以家族为单位聚居,挽草为界散居谷底。朱氏在河谷上游,裴氏与周氏以中间河地缝为界居住两侧,形成几个较大的屋场,谷中人口兴盛时有近三十户二百人居住。

像其他村寨一样,这里传统建筑、院落的选址也遵循着恩施土家族的特有习惯:近山靠谷,近水不临水,建筑选址朝向随性却不随意,因地制宜地利用地形靠山建设,将谷中平坝上肥沃的土地空出用作耕种,与周围自然环境、生产环境完美融合。

五、鹿院坪的石头房子

鹿院坪的出名得益于恩施大峡谷的开发。不知是游客们看腻了大体量的沐抚绝壁景观,好奇心驱使下向周边寻找的结果,还是某位"驴友"的误打误撞,这片桃园秘境开始在户外旅行圈子里流传开来,并在网上小有了名气。相比沐抚大峡谷,这里的风景确有它吸引人的独到之处,但对于喜欢研究传统民居的人来说,游览的动力却是其中更为神秘的古村寨。

笔者第一次去鹿院坪是 2017 年 1 月,正值板桥镇高山上大雪封山之季,一

鹿院坪的铁皮屋顶房子,在山谷中格外"亮眼"

行人在镇政府换上一辆四驱的皮卡才得以摸上山，来到河坪口的悬崖栈道之上，只见一条细细的瀑布直冲谷底，却在半空被强劲的山风吹成雾飘了回来，飘了众人一身水气，冷风一吹，寒气刺骨，向悬崖下观望，居然有了恐惧的感觉，两座直上直下的山峰离得很近，足有几百米的落差，谷底是一条接近干涸的河道，缓坡上只看得见两座"银光闪闪"的房子。当地的干部毫不客气地拒绝了我们继续深入的请求，第一次鹿院坪之行就这样被腊月的低温与高海拔的山风逼得偃旗息鼓。一行人只好退到板桥镇上烤火、啃牛蹄子，这个深山中的"网红"越发显得神秘。

直到第二年春暖花开的三月，我们才得以沿着"四十二道拐"的绝壁小路下到谷底，虽然山中依然是春寒料峭、冷风习习，但总算可以弥补上一次的遗憾，而且也终于可以见到那两座"闪着银光的房子"的真身——两座铁皮覆顶的吊脚楼，一座为"撮箕口"，另一座为"钥匙头"。由于这里一直没通公路，百姓无法运瓦下来修缮房屋，只好用不锈钢铁皮代替，远远望去，自然像镜面一样反光。

其实那时，笔者依然对鹿院坪谷中传统建筑的遗存程度存有疑问，倒不是怕新兴建筑的冲击，而是担心这里的老房子年久失修，保存状况不容乐观。然而再往里走，路边的老建筑便逐渐多了起来，令人意外的是居然出现了中华人民共和国成立后五六十年代建造风格的厂房与居民楼。后从向导处得知，这里

鹿院坪两处最大的民居建筑——周家院子与裴家院子

在中华人民共和国成立初期曾经开采过硫黄矿,沿路的很多旧窑址都是那时烧矿的遗迹。远处山脚下已经没了房顶的三层楼曾是硫黄厂的职工宿舍,由于建筑结构完好,后来有开发商干脆将其加以整修利用,建成一座旅馆,命名曰"硫年民宿",也不失是对那段如火如荼岁月的一种纪念。

随着山路的曲折变化,周围地势也逐渐开阔,中间河一头扎入地下,一道长约 800 米的地缝将谷地最平旷的一块土地一分为二,并由此划分出朱、裴、周三家的"势力范围"。

鹿院坪民居建造材质呈多样化趋势

像恩施市山里的很多村落一样,鹿院坪百姓也喜爱"散居"。他们根据个人的喜好自由地组合着屋场规模的大小。但不同于施南传统意义上的土家村寨的木质干栏式建筑,这里的传统建筑以石制为多,兼有纯木质及石木结构的混合建筑,纯木结构建筑很少。历史上鹿院坪的民居建筑多为木质,那时,此地的生态环境较好,树木丛生,较易获得适合建房的木材。据当地老乡回忆,中华人民共和国成立前此地有多处四合天井屋场,后因开采硫黄矿,大量房屋遭到废弃。又因树木砍伐严重,百姓修缮房屋时很难找到合适的木料。环境的破坏逼使人们只好就地选取石料修补围墙,也形成了多处"石木结构"建筑。到 20 世纪七八十年代,周边成材的木料已经很难觅得,加之硫黄矿厂区的建设带来了新的建造工艺,纯石砌建筑逐渐成为民居的主流。

裴家院子正房呈四合天井围合式，却是有什么材料用什么材料

以这里最大的裴家屋场为例，整个屋场以一处四合天井为主体建筑，周围分散修建了若干石制材料民居。但走近观看，却发现这个四合天井是由多座不同时期、不同材质的房子"拼凑"而成，年岁最长的是主屋正房的撮箕口结构建筑，据说是裴氏祖屋，始建于清末，最后一次翻修是中华人民共和国成立前。主体依旧是木质穿斗式结构，部分外墙为了保温、防潮在后期加石材砌制。正房前方建筑则完全是后期加盖的石头房子。南侧的裴昌雨住宅乍一看是石制民居，但走进内部却发现了完整的"木排扇"，是一座典型的木结构承重，石材为墙体围合的石木结构建筑。而北侧的代青山宅则干脆是纯石材墙体承重的石制住宅，木材仅用于横梁与二层楼板。

裴家院子外围左右两侧的石制民居建筑

走近

初来之人可能会感慨鹿院坪传统建筑的"混搭效果",但细想却发现其间的价值正在于此:这是恩施市域范围内最大的一处混合材质传统民居群落,除了常见的木质民居,大量的石制建筑是这里的特色。就建筑的结构美感而言,它们虽不如施南吊脚楼生动、艺术性强,但多了一些朴实无华。最难能可贵的是建造方式与材料应用的多样性,是人们适应自然环境的一种最直观体现。当然,此地民居建筑的"进化史"也从侧面反映了生态破坏对人们生活的影响,值得人们深思。

施北锁钥处　边镇太阳河
——施北太阳河乡老集镇

太阳河乡位于恩施市北部，地处巫山支脉，集镇距恩施市城区约 68 千米，全村面积约 358 平方千米。东与建始县邺州镇毗邻，西与恩施市龙凤等乡镇相连，南与恩施市白杨等乡镇交界，北与重庆市奉节县、巫山县兴隆镇一脉相连。

太阳河乡是恩施市北部重要乡镇，清代初期和中期，伴随着"湖广填四川"与"改土归流"，大批移民从外域迁徙入境，繁衍至今。太阳河乡现有 10 余个民族，以土家族、苗族、白族居多，占总人口的 39.86%。

乡政府驻太阳河社区，辖 1 个居委会和头茶园、白果树、双河岭、青树子、宝塔岩、茶山河、茅湖淌、柑树垭、金峰山、梭布垭、石林、马林这 12 个行政村。（太阳河乡政府 2017 年统计数据）

一、太阳河简史

太阳河乡地名源于丹阳溪。丹阳溪流经太阳河集镇，清嘉庆版《恩施县志》载："丹阳溪在县西一百七十里，源出石乳山，东流六十里入清江，亦名龙溪。"清同治版《恩施县志》载："丹阳溪俗名太阳河，在城北百二十里，源出石乳山，流经麂子渡、龙驹河，又东流至大沙河，下会南里渡入清江。"溪名丹阳，即红日照耀的溪流。明代因该地树木茂密，人们沿溪旁建窑烧炭，故有"炭窑河"之称，后来人们觉得"炭窑河"不雅，按"丹阳"之义与"炭窑"谐音，称其为太阳河。

风景宜人的太阳河河谷

太阳河乡集镇旁边遗存的古道

三国时期，太阳河乡是吴、蜀分界地。自唐代开始，太阳河乡便是入川的官道要津。《恩施县志》（清同治版）载："（施州城）正北，自县城三十里至向家村，由此十里至三笼坝，由此五里至衣角坝，由此十五里至杉木坝，由此二十五里至干树垭，由此三十五里至太阳河，由此十五里至石乳关，交四川奉节界。又由太阳河一十里至倒箩，交四川奉节界。"也可经小龙潭、金龙坝、杉木坝、梭布垭等集场到太阳河集镇，长135华里（约67.5千米），另有太阳河集镇经李爸沟至建始县四十二坝古道。这些道路曾为驿道、盐道，在历史上起过重要作用，现因修筑公路，大部分毁弃。

有古道，也就会有关隘，历史上太阳河乡曾有两处关卡隘口：

一为太阳河关口，《恩施县志》（清同治版）载"北由四川入施藩篱隘口二：太阳河、青堡"即指此。它的具体位置在太阳河集镇西北约500米山隘处，今地名仍称"关口上"（又名古竹园巷）。

二则是石乳关，位于太阳河乡西北的石乳山上，是巫山的一条支脉。因在其山脊上有一双石峰高耸入云，形似乳房，故名石乳山。此地自古是川（渝）鄂两省交界处，旧时曾建有控锁边界的关隘。清道光版《施南府志》载："石乳关在城西北一百七十里石乳山上，三国时吴蜀分界处，武候曾至焉，俗呼十二关。"

太阳河乡集镇西北约500米山隘处关口上的古竹园巷

走近

在羁縻州时期，中央朝廷实行"蛮不出境，汉不入峒"的隔离政策，在土汉交界地带设关隘。东起珍珠寨，经小城寨、风火寨、红岩寨、百年关、渔阳关、菩提隘、梭草关、旧关堡、野三关，西抵太阳河乡的十二关（石乳关），这条线的西南地区为土司管辖区，东北地区为土汉杂居区。

明代施州卫军民指挥使司佥事童昶有《石乳山》诗："界分楚蜀控喉咽，诸葛遗踪俗尚传。一锁南封千里地，双峰高挂九重天。华夷今古关防立，草木春深造化欢。我忝书生有边寄，瓣香心绪托前贤。"山上原建有关隘卡门，1958年修筑白（杨坪）奉（节）公路时拆毁，今遗址尚存。

太阳河集镇的形成在某种程度上就是拜石乳关所赐。古时从太阳河乡上石乳关（十二关）过关后下15里至奉节三角坝，地势险要，森林茂密，可谓一夫当关，万夫莫开，过往官员和行人由此选择在太阳河乡打栈，久而久之，太阳河开始有人定居。据史料记载，这里在明洪武年间就有很多人居住，清康熙年间形成集镇。

清末鸦片战争之后，政府腐败，民不聊生，西南山区土匪横行。石乳关由于位于川鄂两省交界"两不管"的位置，自然也就成了土匪的出没之地。从鸦片战争到中华人民共和国成立前的百年间，匪患数以千计。各个时期的当政者虽也曾派兵剿匪，但都不能根治匪患。清末民初时期的恩施地方政府干脆将管理商路的关口下移至集镇旁边，避而远之。这就是此地有两座关隘的原因。

关口上街入口与现存的老街，现名为"古竹园巷"

· 189 ·

中华人民共和国成立前,过往"背佬儿"、挑夫和马帮,只要是午后,为躲避十二关的"棒老二"匪,即留宿驻扎在太阳河乡关口上,以便第二日一早好结伴通行。久而久之,便在商队经常驻扎的道路两侧形成一条街道。

二、施北边镇

从地理位置上看,太阳河集镇已经地处巫山的腹地,位于两座山脉之间的河谷地带,三条河流的交汇处。除了史书中记载的丹阳溪外,另一条河发源于太阳河乡西南面的牛鼻子,名曰福圣河,从曾家湾奔流而下,经蛇头嘴、双河岭与丹阳溪在通灵风雨桥下游交汇。太阳河乡最早的集镇老街就位于这两条河流的交汇处。

这条老街形成于清代,清同治版《恩施县志》载:"北乡集场六……太阳河,在梭布垭之西,距梭布六十里,距县一百二十里。此集石乳关与四川奉节交界。"街道沿太阳河南岸而建,成"丁"字形,长街东西向,长300米,短街南北向,

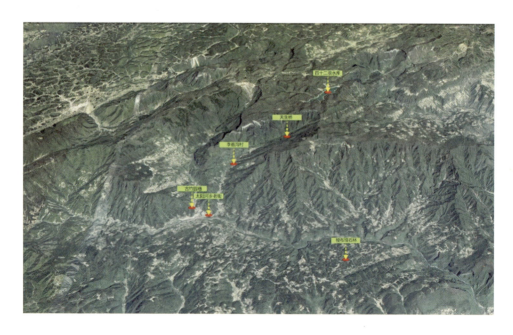

太阳河乡集镇周边地形

长约 100 米，宽约 5 米，石板路面，两旁木质结构楼房毗邻相接，杂货店、饭铺、骡马店、染行错落间杂，每逢农历三、五、九日场期（民国时期改为二、五、八日场期，中华人民共和国成立后改为一、四、七日场期）川鄂两地人民前来交易商品，十分热闹。

太阳河乡集镇

旧时，为了防范周边高山上的土匪，太阳河集镇四周建有围墙，东、南面进出口建有寨门，俗称"栅子门"，北面有通灵风雨桥，共三道出口，东、南面分别从栅子门进出，北面从风雨桥入丹溪巷进出。东面连接恩宜古道，从建始县经九根树、梭布垭进入太阳河乡；南面连接湖南经鹤峰县、宣恩县到达恩施市杉木坝村和太阳河乡的古盐道。两条古道在太阳河乡会合，向北翻越石乳山，通过十二关就到达今天重庆的奉节，再进入四川夔州府的三角坝，再经吐祥入云阳县，这是太阳河到奉节、云阳的一条盐、商要道，运行了近千年历史。清末与抗日战争时期的两次"川盐济楚"带动了太阳河集镇的繁荣，这段时间是古镇最兴旺的时候,一直持续到民国晚期。这段时期太阳河乡商业繁荣,过往行人络绎不绝,一派繁华景象。

太阳河乡老街房屋建筑以木结构为主,"丁"字形街道三面环水,被福圣河和丹阳溪环抱。据说过去临河的房屋全是像凤凰古城那样的吊脚楼,形成屋在水中走,水在画中游的美景。那时,太阳河乡讲究点的大户人家,门栋都用青石雕琢,雕龙刻凤,栩栩如生。院内的主天井都建有戏楼,除自家使用外,也是公众娱乐、堂会的演出场所。当地富户吴氏家族的大院子曾是老街建筑的代表作,据传为三进式四合院吊脚楼,有四个天井,中间亭楼高耸,共五层,顶层是绣楼,二至四层为观景茶楼,一层为戏楼,亭楼两边有两株罗汉松守卫,雄奇典雅,整栋庭院雕梁画栋,设计精美,后不幸因火灾被烧毁。

太阳河乡老街

太阳河乡老街佘家祖宅

现在古街形制依旧，但传统建筑破坏严重，修建了许多钢混结构的现代建筑，仅有丁字街横直连接部由东向南转角处沈家大屋保存完整。丁字街北街上的传统建筑几乎损失殆尽，仅留街头驾于福圣河上的通灵风雨桥。这座风雨桥长约5丈，宽约1丈，穿斗式木结构，建于清末，是恩施市域范围内少有的大型风雨桥。

通灵桥桥北过去是关口老街下街的延伸段。关口老街分上下两街，石板路面，两街用石梯步连接。上街现在名"古竹园巷"，仅有不到100米遗留，右为李家栈房与骡马店，左为胡家栈房，全部为木结构房屋，保存较好，尤以胡家房屋为大，由前厅、天井、厢房、后屋组成，较有特色。下街一直延续到通灵桥头，由于新集镇梭布大道的建设而被损毁，失去古街原有的肌理。

三、李爸沟古寨

流经太阳河乡的第三条河流发源于集镇东北山谷中金龙三寨鲞水坪的李爸沟河。

"李爸"是土家语"公老虎"的意思，"李爸沟"即公老虎洗澡的地方。既有虎，自然是一处险要之地。其上游名曰虎浴溪，有虎浴石，传说是土家族祖先白虎经常洗浴之地。虎浴溪流经大峡口、菜子坪、神母岩后名曰李爸沟河，再经漂水瀑布、神母岩瀑布和覃蛮寨后，落差渐缓，下游河谷走势与丹阳溪平行，在

李爸沟河谷风光

集镇东侧两河口处汇入太阳河。

　　李爸沟曾是前往奉节、建始的一条小路,翻过山就已经离开恩施市地界,再加上山势高大,也是一处强盗土匪占山为王、呼啸山林的好去处。据传,明末李自成兵败后,一支残部逃至此地,在李爸沟现在的吴家园子处安营扎寨。首领是湖南一个姓易的人,其副官姓兰,二人带领百余人以李爸沟板壁岩作为天险,占山为王,立寨驻守。他们以现在的朝天洞作为仓储,在当时的川湖两省交界处活动,最盛时期达1000人之众。由于入伙之人多为附近的土家族,他们认为此处河水清澈,环境优美,应为自己民族图腾居住,遂将此地改名为李爸沟。现在这里是太阳河乡头茶园村的一个村民小组,除了优美的峡谷风光,还保留有一片完整的古村寨。

　　清康熙年间,太阳河乡的吴氏家族一支迁居至李爸沟,在河西岸临近古道

李爸沟古村寨

处建屋立宅，当地人称"吴家大院"。吴家大院在明末清初被毁。此后吴家大院于清乾隆年间重建，在民国初年扩建。吴家大院规模最大时为一处四合天井加一处"钥匙头"两层木制建筑，宅前朝门，门前河流上设风雨桥。

李爸沟吴家大院

民国初年，吴氏后人吴大俊以吴家大院为点，在此办学，学校被称为光明书苑。李爸沟名人吴鼎权、谌走轩等都是在此开蒙。

清代到民国时期，此处是湖南、湖北客商由此上云阳驮盐的重要通道。由于当时土匪猖獗，为保护客商财物，本地老百姓组织民团在现在的木龙口修筑卡门，树立炮台，驱赶流寇，护卫商客。吴氏是当地大姓，族内多有任当地保长者。据传民国时期居于此地的地主（兼任保长）是吴正汉，就多次组织民团，维护一方治安。但相传此人极为吝啬，为此闹出不少笑话。

中华人民共和国成立后，吴家大院被作为地主余财回收，分给贫下中农。后村庄改为高峰大队，吴家大院成为政府办公地点与小学，史称高峰小学。经历时代的变迁，现在的吴家大院格局相对完整，是李爸沟古村寨的核心。只可惜大宅正房原有四合天井部分前半段被拆毁，留存部分呈"三合水"撮箕口形状，此外，宅前的朝门与风雨桥也都损毁不见。

此外，古寨还留存了其他十余栋木质吊脚楼建筑，多建于中华人民共和国成立前后，居民多为周、陈两姓。周氏也是世居此地的家族之一，定居李爸沟的具体时间不详，约为清康熙年间。1949年中华人民共和国成立的时候，由于吴家已经迁离此地，李爸沟仅剩周家一直延续至今。

周家祖屋位于吴家大宅后面的山坡上，现在仅有一间留存，相传为清康熙年间武秀才周云泰所建。相传此人身高八尺，一个拳头有饭钵（土家人的一种

周家祖屋基本上已经损毁，目前仅有一间尚存

器皿）大，一拳头可以打死一头水牛。当时建造这栋房子的木料是他一人备齐的，没有找帮工，足见其有的是气力。

太阳河乡自古是土家族聚居区域，因此李爸沟的传统建筑多为土家族特色的穿斗式木结构，少有砖石砌筑。但从排扇细节上看，后期建造的民居，每个"子穿"之间多为并列立柱到底，少有"骑柱"，或多或少受到了"川东民居"建造风格的影响，是区别于恩施市其他区域传统村落的重要元素。

李爸沟传统民居无论是建造方式还是风格已经或多或少有了"川东民居"的影子

四、太阳河民歌

太阳河乡是恩施市北乡著名的民歌之乡，被文化部（现文化和旅游部）命名为"中华民间文化艺术（民歌）之乡"，太阳河民歌入选湖北省第四批省级非物质文化遗产名录。

相对南乡的金龙坝村，太阳河民歌从唱词到曲调乃至表现形式上都更加丰富多样，也更成体系，大体可分为：灯调、小调、号子、山歌、田歌、风俗歌、儿歌等类型，约30多个歌种。曲调又有赶骡调、喊喊调、采茶歌、放牛歌、猪贩子腔等。唱腔上有高腔、平腔之分，多以商调式、角调式为主，其中大量的"喊喊调"以商调式存在。在句式上有两句体、四句体、五句体、赶五句体等，一般以五句体居多。五句体山歌因其多表达男女爱情，所以被当地人俗称"五句子情歌"或"风流歌",内容颇直白,如:"闷闷沉沉瞌睡多,姐儿要我来唱山歌,我少读诗书字墨浅,石炭写字白字多,哪有心思来唱山歌""这山望到那山高,望到那山好葡萄,望到葡萄得不到吃,望到情妹得不到挠,你看心焦不心焦""哥哥来到三步岩,口唱山歌情在怀,今天不得空,明天要砍柴,后天才到幺妹儿家里来"。

也有在栽秧搭谷、修房造屋等劳作过程中,需要加油鼓劲、统一步调、烘托气氛、提振精神之时的即兴创作,如:"今天李府修华堂,(嘿一着勒),众位乡亲来帮忙,(嘿一着勒),万丈高楼从地起,(嘿一着勒),齐心协力要稳当(嘿一着勒)"。号子声落,抬在前面的人,又随即提醒,"滑得很哟",抬在后面的人,随声附和,"踩得稳哟"。这种曲调已有"川江号子"的味道。

五、太阳河乡的古庙

旧时,太阳河由于邻近峡江流域的奉节地界,宗教传统活动兴盛。境内民间宗教庙宇约数十座,较著名的有武圣宫、玉皇庙、龙王庙、八角庙、青龙寺、云台观、杨泗庙、金峰山庙……今已大多毁圮,只剩遗址。

云台观,位于梭布垭,为道教庙宇,得名于华山云台峰,北周武帝(561—578年)时,道士焦道广居云台峰,传其餐霞饮露,有三青鸟常报未然之事。武帝宇文邕亲谒山庭,临轩问道,在该处修云台宫。以后全国道观多以云台命名,最著名的有四川阆中云台观,为道教24治之第17治,传说张道陵在此传道炼丹,飞天成仙。梭布云台观在这种历史背景下建成,为清代四合天井式建筑,供有木雕道教人物造像数十尊,香火旺盛,常住一道人主持法事。中华人民共和国成立后,最后一届主持冉起文还俗,云台观也因社会变迁而荒废。

武圣宫,又名"观音阁",位于太阳河乡老街,是太阳河集镇范围内最大的寺庙,位于栅子南门入口左侧。太阳河乡武圣宫规模较大,前后三进屋宇,分大殿、中殿、后殿。中殿为高大雄伟的八角亭,也是武圣宫的钟楼,后因山体滑坡被压毁,再未重建。各地武圣宫的前身,是民间受三国文化影响所建祭祀关羽的庙宇，后被道教收编成为道教庙宇，称关帝庙。关羽被朝廷晋封为"三界伏魔大帝神威远震天尊关圣帝君"，被军队视为军魂。后来因关羽逐渐被推崇为与文圣人孔子并列的武圣人，故改称其庙宇为武圣宫。商人因贸易中要讲信誉，而关羽又是封建道德观念中受推崇的"义"字代表人物，民间又将其尊为与文财神比干相比肩的武财神，所以各地纷纷建庙祭祀。巴盐古道文化路线沿线的"关帝庙"多为川陕商人所建，属于典型的"盐业会馆"。

青龙寺，位于梭布垭。中国最著名的青龙寺为西安青龙寺，其前身为隋代灵感寺，是佛教密宗教派的道场。日本等国僧人来中国学习密教，主要到青龙寺求法，因此全国以青龙命名的寺院多与密宗教派有关。旧时我国的密宗教派多分布在西藏、四川等地。曾经有观点认为恩施市土家族地区不存在密宗教派，太阳乡建有梭布青龙寺，与恩施市文物管理所原保存的密宗神祇大日如来佛像互为印证，可见恩施市过去存在佛教密宗派活动。

金峰寺，位于金峰山上，是佛教寺院，原规模较大，有殿堂与僧舍数十间，一年四季香火不断。

据考证，金峰寺始建于元末明初，是鄂西南最大的寺庙之一，当时在庙坪建有大寺院。清同治五年（1866年）建成埋葬临济宗第九代传人的墓塔。庙坪形若佛爷的左手掌，最初的大庙即建在"手掌"中间。

1944年寺庙主体建筑被拆毁，1964年所余钟鼓楼垮塌，今仅剩寺僧圆寂石塔。从塔联"慧通岳水寻师迹，灯续金山固凤垣"，仍可想象往日的盛况。

杨泗庙，位于梭布垭，为民间祭祀水神的庙宇。中国历史上有祭祀五岳山神、四渎水神的民俗传说，四渎水神为"江淮河济"，建在江边的杨泗庙又称江渎庙。杨泗庙主要分布在我国的长江中上游及江西地区，现存最著名的杨泗庙即宜昌市秭归县的江渎庙。恩施市境内只发现梭布垭有一处，其他地区则在桥上供奉杨泗神像，如芭蕉乡九道水侗族风雨桥即是。梭布垭建杨泗庙，与太阳河水及石林腹部丰富的阴河暗流有关。

"顶子之乡" 杉木坝老街
——龙凤镇杉木坝村

"建始的女子，太阳河的饼子，杉木坝的顶子。"老一辈恩施人大多知道这个顺口溜，因其概括了清代恩施县与建始县交界之地的三大特色：一为建始的女子长得漂亮，二为与建始交界的恩施太阳河集镇做的麻饼好吃，三为与太阳河乡交界的恩施市杉木坝村"出顶子"。顶子是旧时做官的代名词，清代的官帽顶上，装有铜、珊瑚、宝石制成的顶饰，分别代表不同的官阶，民间俗称"顶子"。谁取得了功名,便说谁有了顶子。杉木坝村历来文风发达,考中秀才、举人、进士者众多,于是有了"顶子之乡"的美称。

一、历史久远的乡村集场

　　杉木坝村在龙凤集镇偏东约7千米,距恩施市城区约25千米,为一山间平地,因四周青山围绕,生长茂密的杉树而得名。清代恩施知县唐方耀巡视杉木坝村,有题记"晚自杉木村归道中作"的诗:"半沟流水几人家,杉木青青日欲斜。莫道空山春不到,一枝开遍隔墙花。"

　　封建时代,恩施县白杨坪九根树有三会驿,为建始县、四川奉节县通施南府驿道交会点,经此至施南府必走杉木坝村。杉木坝村成为门户隘口,清同治版《恩施县志》载:"北由四川入施门户隘口二:杉木坝、龙马村。"

杉木坝村老街

经杉木坝村到施城的道路上，官邮、商旅、行人不绝。出于打尖宿歇的需要，早在几百年前就形成杉木坝集场。清同治版《恩施县志》载："北乡集场六：小龙潭、金龙坝、龙马村、杉木坝、梭布垭、太阳河。"

杉木坝集场为一条小街，横卧平坝一侧，长约 200 米，宽约 3 米，石板路面。两边木质结构房屋鳞次栉比，饭店商铺毗邻相结，中段耸立文昌宫、武圣宫两座高大的庙宇，崇文尚武，晨钟暮鼓，香烟缭绕。每逢农历三、五、七、九日场期，小小的杉木坝村街上，商贾云集，乡民簇拥，十分热闹。

民国时期，杉木坝村为恩施县第四区驻地。中华人民共和国成立初期，为恩施县第九区（杉木区）驻地。1954 年杉木区与龙凤区合并，杉木坝改为乡，1958 年杉木乡改为公社，属龙凤区（曾改名灯塔区）辖。1975 年"撤区并社"，杉木公社改为杉木管理区，属龙凤公社管辖，今为恩施市龙凤镇属下的一个行政村。

二、两代进士的尹氏家族

杉木坝村尹氏原籍荆州监利县（现为监利市），清雍正三年（1725 年）迁恩施，逐渐繁衍为高姓大族，至清末出了尹寿衡、尹家楣父子两进士。

尹寿衡（1828—1915 年），名克墨，字梦伯，号翰楼，清道光八年（1828 年）出生于太阳河乡茅湖淌村，后随家迁杉木坝村街上居住。其祖父与父亲皆科贡出身，精研孔孟之学，并各有著述。尹寿衡幼年由父亲教导，经史文学，早有根基。尹寿衡在清道光二十四年（1844 年）16 岁时考中秀才，清同治元年（1862 年）34 岁时中举人，清同治四年（1865 年）37 岁时中进士。

尹寿衡中进士后，先观政刑部，未几任提牢厅事，1878 年授江西司主事，光绪五年（1879 年）因先祖讳归里。翌年，尹寿衡应潭州制军聘，主讲陕甘宏道书院 3 年，又因继母王夫人逝回里服丧。光绪十二年（1886 年），尹寿衡历任刑部代理提牢厅事、江西司主事、总办秋审处兼管司务厅浙江司主事，后以知县选用。光绪十三年（1887 年）起，尹寿衡先后任四川眉州、资州、茂州等直隶州知州,并供职泸州盐局14年。因他早年曾在刑部任职,故颇重法治,遇案执法严明,不枉不纵,折狱公允,百姓皆称其廉正。尹寿衡为官极力奖劝文教,时常亲赴各书院、义学察看师生勤惰,并为生员讲学。尹寿衡任知州的三地,皆为其建生祠祭祀。朝廷授其中宪大夫,后又晋升资政大夫,再晋升荣禄大夫。因尹寿衡职级与功德,其祖父尹其琛、父尹炳昌被朝廷诰封资政大夫,祖母刘氏、母胡氏、继母王氏被诰封夫人。

尹寿衡公余,着力研究文学诗词并热心于志谱编纂。清光绪十年(1884年)春,尹寿衡因母丧回籍,适值施南知府王庭桢倡修《续施南府志》,他欣然应聘入局主纂,经年书成刊行。新志较旧志体例多所创革,主张"方志不宜志天文,人物不唯重科名,艺文必确有可据,缺而不滥"。清光绪十二年(1886年),尹寿衡于泸州任上,将自己圈点批注的《唐三体诗》刊印传世。清光绪三十二年(1906年),尹寿衡主持编修《尹氏族谱》,并作《六有堂宗谱序》。《尹氏族谱》记载了尹氏历代祖宗经江苏、四川仁寿、湖北江陵、湖北监利,落业恩施的迁徙经历,为研究恩施地区的移民史提供了佐证。

尹寿衡敦教子孙有方,子孙皆有建树。长子尹家诏为贡生,曾任贵州候补道台;次子尹家楣中二甲进士,入翰林院,后任直隶候补道台,时人有"父子翰林"

杉木坝村尹家大院是恩施市域范围内保存得最好的传统民居建筑之一,三进三层,木结构为主体,砖石墙面围合,造型精巧而不失大气,汇聚多种建筑元素,是长江流域与清江流域民族过渡区域民居建筑的代表作之一

之称；孙尹援一、尹扶一考中秀才，因清末废除科举，后留学日本。尹扶一回国后，曾任北洋政府财政次长，在北京兴办中国首家证券交易所。尹扶一妹王莲（随夫姓）亦留学日本，入东京女子工艺学校学习绘画，为清末恩施第一位女子留日学生，曾参加辛亥革命军旗设计。

清光绪二十八年（1902年），尹寿衡致仕回到家乡，捐资倡导在杉木坝村至龙凤坝镇之间的河上修建五孔大石桥一座，命名"幸福桥"；旋又捐资倡修杉木坝村至龙凤坝镇之间约15千米的石板大路一条，历时两年建成，出行的人都交口称赞。1915年，尹寿衡逝世，终年88岁。

三、依然显赫的文化遗存

杉木坝村因尹氏家族而发达，曾经街肆繁荣，庙宇耸立，豪宅林立。然而这一切都成了过眼云烟，时间的消磨与世事的洗涤，让曾经的繁华风光不再，但那些斑驳陆离的文化遗存，仍然可从中窥见往日的显赫。

杉木坝村街道没有像其他地方改扩建，还是那样静卧在原处，石板街面虽然多了泥垢的淤积，但依然还是过去那条石板路。岁月将路面磨耗得凹凸不平，但映射着苍然的古道遗风。

石板街道两旁的木质房屋，大多被改建成水泥洋房，间隔有几处仍是木架土瓦马头墙的古屋，有曾做过栈房的，当地村民称为尹家十五太太屋，有腰门木台的商铺屋。保存基本完好的则要数做过区、乡两级政府驻地的尹家大屋，门厅两层，中厅三层，后厅两层，依山而建，逐级抬升，院坝天井，高堂阁楼，夹壁悬廊，粉墙黛瓦，古旧中张扬着豪门的荣华与威风。

祭祀主管科举利禄的文昌帝君张亚子的文昌宫、祭祀清代军人之魂武圣人关羽的武圣宫，虽然被拆毁改建为学校，依稀仍可辩别曾经的庙貌。操场边一壁砖斗古墙巍然高耸，墙上镶嵌着一块武圣宫石碑，字迹清晰可辨。几株苍老的古樟树遮天蔽日，仿佛在追述庙宇过去的辉煌。

尹家大院室内

从杉木坝村到邻近的古场坝村，有着成片的墓地，坟丘虽然荒草萋萋，但墓碑大多雕刻精美。碑文落款从清嘉庆至光绪、民国年间，昭示着墓葬年代的久远以及墓主人身份的尊贵。这些墓葬大多为尹姓，也有吴姓、赵姓、熊姓、刘姓，从中可以了解当地人文历史。

在一处叫金花屋基的地方，伫立着尹寿衡墓。墓碑很小，是一尊俗称"猪槽碑"的小碑，远不及其祖辈墓碑的高大精美，可能因其死于民国，改朝换代使其不能享有显赫的葬仪。但主碑文"清授资政大夫晋升荣禄大夫尹公翰楼府君之墓志"以及介绍其生平的辅文，足可让人心生敬意。尹氏后人介绍，尹寿衡下葬后，坟上长满金银花，此地便被称为金花屋基，当地人对其十分尊崇。

在另一处墓地，我们见到斜卧地上，下半截没于土中的墓碑。主碑文为"皇清诰封恭人晋升夫人……"辅文中有"尹家楣"等字，猜测为尹寿衡之母胡氏墓碑，这是恩施市目前发现唯一一块明确镌刻"诰命夫人"字样的墓碑。墓碑是村民从别处迁来,墓主人的葬身之地已不知何处。

"顶子之乡"杉木坝村的人文历史,为我们留下了建筑艺术、文化教育、科举制度、宗教信仰、民风民俗等许多可供研究的课题,同时也为该地的旅游开发提供了依据。

两岸加溪　戽斗取水
——芭蕉侗族乡戽口村

戽口村位于恩施市芭蕉侗族乡南部，因位于一座山谷之中，地形极像过去浇灌农田用的"戽斗"①而得名。

戽口村境内气候温和，阳光充足，雨量充沛，无霜期长；且有四季分明、

---

① 戽是一种取水灌田用的旧式农具，用竹篾、藤条等编成，略似斗，两边有绳，使用时两人对站，拉绳汲水。

春迟秋早、夏暖冬寒、湿润多雨等特点；群山绵亘，沟壑纵横，溪谷相连，具有优越的气候条件和复杂多样的自然地貌，自然风光十分宜人。村域辖10个村民小组，共1030户，3657人，村民主要以种植茶叶、水稻、玉米、小麦等作物为经济来源。（据㞑口村村委会2018年数据统计）

㞑口村村域的中心地带位于两山夹着的一个不大不小的谷地之中，距离宣恩县的庆阳坝只有一山之隔。从地形上看："㞑口"二字倒是应了这种变化——两山夹溪，犹如人站在高处用㞑斗取水，肥水源源不断流出，滋养着山间坪坝中的农田。走进㞑口村，群山绵亘，溪谷相连。公路顺水而行，两侧山峰不高，但连绵不断，极少有空隙或者岔路可以分行。峡谷宽窄有异，宽的地方能容下百余亩农田、几十户人家；窄的地方百姓也可以顺坡而下，或在山与河的夹缝中开出半面坡地的茶田和稻田，疏密散布在山间的民居，颇有几分宁静与祥和。

㞑口村地形图

低海拔的河谷区域适合种茶，㞑口全村现有茶叶8504亩，其中良种茶6650亩（㞑口村村委会2018年数据统计）。茶田最集中的区域位于㞑口河谷，也是

戽口村谷地里的茶园与民居，颇有几分宁静与祥和

村庄最经典的景致。

四季常绿的茶园，古韵犹存的风雨桥，优美的自然景观、纯朴的乡风民俗、浓郁的少数民族文化，戽口村自古远离战乱纷争，生活闲适安逸。

散落在山间的院落和民居

像其他土家族村落一样，庹口村里的屋场院落规模不大，以家族为单位聚居，村落房屋散布较广。传统建筑的选址符合土家族百姓近山顶、谷间水源地较为丰富的坪、坝而居，近水不临水，朝向随性却不随意，因地制宜利用地形建设的一般性特点。各房屋均能够充分地利用地形并与周围自然环境、历史环境相融。侗族人民生活在山区，依山修建吊脚楼，吊脚楼上有绕楼的曲廊，曲廊配有栏杆，侗家人习惯称"走马转角楼"。屋顶有一长条用瓦片堆砌成的屋脊，中间用瓦片垒成美丽的"二龙抢宝""双凤朝阳""鹤鹰展翅"等图案，屋脊两头用瓦片提成翘角。十几户或上百户人家聚集而居，就成了寨子。

在庹口村，像唐家院子一样的侗寨还有很多处，都是一姓一寨，如倒落湾（地名）的杨家院子、桐麻园（地名）的肖家院子、商家堡（地名）的商家院子等等。这些院子都分布于古盐商大道一线，多与宣恩县、咸丰县毗邻区域有宗亲关系，形成了一条鲜明的施州南乡少数民族文化长廊。这些老式的院子，彰显着历史

茶田间的风雨桥和传统民居。小桥流水、院落古朴、茶园飘香，宛如一幅玲珑雅静、古色古香的山水田园图画

的风貌，是土家族传统建筑的"活化石"。

从地理位置上看，庠口村已经靠近宣恩县，与著名的庆阳坝仅有一山之隔，也是恩施市前往宣恩县方向的一条要道。土司时期，这片区域刚好位于施州卫与施南土司的结合部，还是尚未开发的原始林地。

庠口村现存最完整的聚落是位于彩虹山族的唐家院子以及对面李家屋场，组成庠口村中国传统村落核心区。

庠口村唐氏于清康熙五年（1666年）由湖南省宝靖府安化县桃花村竹山园迁至施南府南乡庠口学堂坪，是因逃避战乱而来的。开始迁来的是唐华雷、唐华富、唐华通三兄弟，"华"字辈下是"再"字辈，后重新立字派"国正天心顺，时清锦运安，孝仁立远作，言玉福尚宽，诗书传世代，耕读治家邦，渐绪成宣统，胜贤垂候罡"共四十个字，来到芭蕉乡时已经有十一辈人了。还有一种说法，从湖南过来的是五兄弟，在恩施市舞阳坝官坡社区有唐姓的另一支人。

唐家院子

唐家院子始建于清康熙五年（1666年），以一正两厢房、一字型吊脚楼建筑为主，占地2000多平方米，共6栋36间木瓦房。依山而建形成三个层级，一、二层级建于1949年后，三级为清末建筑。其中第一层有三栋十七间；第二层仅一栋为"L"字形吊脚楼，有房六间；第三层有两栋十三间吊脚楼，是㞎口村规模最大的传统建筑遗存。

参考文献

[1] 张良皋.武陵土家[M].北京:生活·读书·新知三联书店,2001.

[2] 湖北省政协文史和学习委员会,湖北省荆楚文化研究会,《恩施文化简史》编纂委员会.恩施文化简史[M].武汉:湖北人民出版社,2018.

[3] 朱圣钟.区域经济与空间过程:土家族地区历史经济地理规律探索[M].北京:科学出版社,2015.

[4] 陈立新.清代鄂西南山区的社会经济与环境变迁[M].北京:中华书局,2018.

[5] 杨洪林,戴小明.明清移民与鄂西南少数民族地区乡村社会变迁研究[M].北京:中国社会科学出版社,2013.

[6] 张道祖.1956,潘光旦调查行脚[M].上海:上海锦绣文章出版社,2008.

[7] 吴正光,陈颖,赵逵,等.西南民居[M].北京:清华大学出版社,2010.

[8] 鄂西土家族苗族公路史志编审委员会.鄂西公路史[M].武汉:武汉出版社,1996.

[9] 邓斌.巴人河[M].武汉:长江文艺出版社,2007.

[10]《土家族简史》编写组.土家族简史[M].北京:民族出版社,2009.

[11] 赵奎.川盐古道——文化线路视野中的聚落与建筑[M].南京:东南大学出版社,2008.

[12] 赵奎.历史尘埃下的川盐古道[M].上海:东方出版中心,2016.

[13] 赵逵,王子今,程龙刚.川鄂古盐道[M].成都:西南交通大学出版社,2019.

[14] 丁援,宋奕.中国文化线路遗产[M].上海:东方出版中心,2015.

[15] 辛克靖.民族建筑线描艺术[M].武汉:湖北美术出版,1999.

[16] 张良皋,李玉祥.老房子:土家吊脚楼[M].南京:江苏美术出版社,1994.

[17] 恩施市地方志编纂委员会.恩施市乡镇街道志丛书[M].北京:中共党史出版社,2010.

[18] 李星星.再论民族走廊:兼谈"巫山-武陵走廊"[J].广西民族大学学报(哲学社会科学版),2013(2).

[19] 王协梦.施南府志[M].抄本.北京:佚名,1834(清道光十四年).

[20] 松林,周庆榕,何远鉴,等.施南府志[M].刻本.北京:佚名,1871(清同治十四年).

[21] 贺孝贵.历史恩施[M].西安:西安出版社,2014.

后记
Postscript

  恩施州、市政协（即政协恩施州委员会、政协恩施市委员会）领导高度重视，州政协文化文史和学习委员会精心组织、恩施市政协文史委负责编纂的《恩施州传统村落历史文化丛书·恩施市传统村落》终于付梓。

  2021年是"十四五"开局之年，在恩施市脱贫攻坚战已经取得决定性胜利、乡村振兴各项实践工作逐渐开展的背景下，《恩施州传统村落历史文化丛书·恩施市传统村落》的成书十分必要。一方面，对一个少数民族自治州首府而言，更好地摸清传统村落文化资源的"家底"，守住传统村落这片民族文化阵地，有助于引领全州民族文化复兴，增加文化自信；另一方面，可以助力恩施州"全域旅游战略"的实施，为其增添更多文化内涵，增加更多产业发展类型，更好地为乡村振兴助力。

  本书分"概述"与"走近"两大部分，其中"概述"章节——"恩施的格局"，主要通过对恩施市地理、历史、经济、交通格局的分析，展现出恩施市传统村、镇的形成原因、多元化特色并梳理出一套完整的传统村镇框架体系；"走近"板块则是将这个体系中有代表性的村落逐一展现在读者眼前，系统讲述这些传统村落的来龙去脉。

全书内容除囊括恩施市全部十二个"中国传统村落"外，另有古镇三个，其他村庄五个，涉及恩施市全境，同时又以恩施市东乡与南乡居多。尤其是恩施市南乡，是恩施市传统村落历史文化资源遗存数量最多、规模最大、质量最好的区域，是一块难得的文化宝地。恩施市政协文史委与华中科技大学建规学院师生组成编纂团队，多次深入恩施的山、水、村、田之中，搜集整理出大量的重要信息，拍摄了许多珍贵的图片资料。

在稿件征集及撰写过程中，市政协主席郑晓斌多次督办，副主席蔡万高、李家忠召开专题会议，提出了很好的编审意见。同时，相关单位和个人都倾注了大量心血，一是恩施市住建局、民宗局、文旅局等单位在传统村落方面多年的资料积累；二是恩施市当地专家学者，如贺孝贵、谭庆虎等对此做过的研究资料；三是得到了盛家坝、芭蕉、白果、红土、崔家坝、沙地、屯堡、板桥、太阳河、龙凤坝等乡镇的大力配合与支持，这些都为成书打下了坚实基础。这众多信息汇总提炼形成本书。在本书出版之际，一并表示衷心的感谢！

本书由颜英、李晓主导编撰，历经三载，几易其稿，适逢新冠疫情，最终成稿不易。由于传统村落的历史文化久远，在挖掘整理过程中难免有错漏之处，敬请读者谅解。

编　者
2021 年 10 月